GESETZ 7/2023 VOM 28. MÄRZ ÜBER DEN SCHUTZ DER RECHTE UND DAS WOHLERGEHEN VON TIEREN

(nichtamtliche deutsche Übersetzung)

Frank Siegert

perro y gato

Copyright © 2024 Frank Siegert (perro y gato)

All rights reserved

No part of this book may be reproduced, or stored in a retrieval system, or transmitted in any form or by any means, electronic, mechanical, photocopying, recording, or otherwise, without express written permission of the publisher.

ISBN: 9798300398958

Cover design by: Frank Siegert

CONTENTS

Title Page
Copyright
VORWORT
Gesetz 7/2023 vom 28. März über den Schutz der Rechte und das Wohlergehen von Tieren. — 1
PRÄAMBEL — 2
EINLEITENDER TITEL — 10
Artikel 1: Zweck und Anwendungsbereich — 11
Artikel 2: Zweck — 13
Artikel 3: Begriffsbestimmungen — 14
TITEL I — 19
KAPITEL I Staatliche Leitungs-, Koordinierungs- und Mitwirkungsorgane — 20
Artikel 4: Förderung des Tierschutzes — 21
Artikel 5: Staatlicher Rat für Tierschutz — 22
Artikel 6: Wissenschaftlich-technischer Ausschuss für den Schutz und die Rechte der Tiere — 23

Artikel 7: Ausgewogene Präsenz von Frauen und Männern — 24

Artikel 8: Keine Erhöhung der Ausgaben — 25

KAPITEL II Zentrales Tierschutz-Aufzeichnungssystem — 26

Artikel 9: Einrichtung des Zentralen Systems der Tierschutzregister — 27

Artikel 10: Art des Systems des Zentralen Tierschutzregisters — 28

Artikel 11: Verbot der Ausübung eines Berufs, Gewerbes oder Handels im Zusammenhang mit Tieren sowi — 31

Artikel 12: Datenschutz — 32

KAPITEL III Tierschutzstatistiken — 33

Artikel 13: Gegenstand der Tierschutzstatistik — 34

Artikel 14: Inhalt der Tierschutzstatistik — 35

Artikel 15: Veröffentlichung von Tierschutzstatistiken — 36

KAPITEL IV Planung der öffentlichen Politik im Bereich Tierschutz — 37

Artikel 16: Staatlicher Tierschutzplan — 38

Artikel 17: Ausarbeitung und Genehmigung des staatlichen Tierschutzplans — 39

Artikel 18: Territoriale Tierschutzprogramme — 40

KAPITEL V Förderung des Tierschutzes und — 42

Bereitstellung von Mitteln

Artikel 19: Förderung des Tierschutzes und Bereitstellung von Mitteln — 43

KAPITEL VI Zusammenarbeit zwischen öffentlichen Verwaltungen — 45

Artikel 20: Institutionelle Zusammenarbeit — 46

KAPITEL VII Protokolle in Notsituationen — 47

Artikel 21. Pläne für den Katastrophenschutz. — 48

KAPITEL VIII Öffentliche Tierschutzzentren — 49

Artikel 22 Sammlung und Pflege von Tieren. — 50

Artikel 23: Pflichten der öffentlichen Tierschutzzentren — 51

TITEL II-Verantwortungsvolle Haltung und Zusammenleben mit Tieren — 53

KAPITEL I Gemeinsame Bestimmungen — 54

Artikel 24 Allgemeine Pflichten in Bezug auf Haustiere und wild lebende Tiere in Gefangenschaft — 55

Artikel 25: Allgemeine Verbote in Bezug auf Haustiere und Wildtiere in Gefangenschaft — 57

KAPITEL II Heimtiere — 59

Artikel 26: Besondere Pflichten in Bezug auf Haustiere — 60

Artikel 27: Besondere Verbote für Heimtiere — 62

Artikel 28: Heimtiere im Freien — 64

Artikel 29: Zugang von Heimtieren zu Verkehrsmitteln, Einrichtungen und öffentlichen Räumen 65

Artikel 30: Hundehaltung 67

KAPITEL III Wildtiere in Gefangenschaft 68

Artikel 31. Gegenstand 69

Artikel 32: Besondere Bedingungen 70

KAPITEL IV Förderung der verantwortungsvollen Koexistenz mit Tieren 72

Artikel 33: Förderung eines verantwortungsvollen Zusammenlebens mit Tieren 73

KAPITEL V Positivliste für Heimtiere 75

Artikel 34: Liste der Tierarten, die als Heimtiere gehalten werden dürfen 76

Artikel 35: Positivliste für Heimtiere 77

Artikel 36 Allgemeine Kriterien für die Aufnahme einer Art in die Positivliste für Heimtiere 78

Artikel 37: Aufnahme von Arten und Aktualisierung der Positivliste für Heimtiere 80

KAPITEL VI Katzenkolonien 81

Artikel 38: Allgemeine Grundsätze 82

Artikel 39: Aufgaben der örtlichen Verwaltung 83

Artikel 40: Aufgaben der autonomen Verwaltung 85

Artikel 41: Pflichten der Bürger	86
Artikel 42: Verbote	87
KAPITEL VII Tierschutzgremien	89
Artikel 43 Klassifizierung von Tierschutzorganisationen	90
Artikel 44: Tierschutzorganisationen vom Typ RAC	91
Artikel 45: Tierschutzorganisationen vom Typ RAD	93
Artikel 46: Tierschutzorganisationen vom Typ RAS	94
Artikel 47: Tierschutzorganisationen vom Typ GCOF	95
Artikel 48: Tierschutzorganisationen vom Typ DEF	96
Artikel 49: Eintragung in das Register der Tierschutzorganisationen	97
Artikel 50: Personal im Dienst von Tierschutzorganisationen	98
TITEL III	99
KAPITEL I Zucht, Handel, Kennzeichnung und Weitergabe von Heimtieren	100
Artikel 51: Kennzeichnung von Heimtieren	101
Artikel 52: Allgemeine Bedingungen	102
Artikel 53: Zucht von Heimtieren	103
Artikel 54: Eintragung in das Register der	104

Heimtierzüchter

Artikel 55: Verkauf von Heimtieren ... 105

Artikel 56: Verkauf in Zoohandlungen ... 106

Artikel 57: Online-Verkauf und Werbung für den Verkauf von Heimtieren ... 107

Artikel 58 Weitergabe und Adoption von Heimtieren ... 108

KAPITEL II   Transport von Tieren ... 110

Artikel 59 Allgemeine Bedingungen für den Transport ... 111

Artikel 60 Transport von Heimtieren ... 112

Artikel 61: Heimtiere aus der Europäischen Union oder aus Drittländern ... 113

TITEL IV ... 114

Artikel 62: Tiere bei Filmaufnahmen und darstellenden Künsten ... 115

Artikel 63: Szenen simulierter Misshandlung in Filmen und darstellenden Künsten ... 116

Artikel 64: Messen, Ausstellungen und Wettbewerbe ... 117

Artikel 65 Wallfahrten, Festveranstaltungen, Krippenspiele, Umzüge und Prozessionen ... 118

TITEL V- ... 119

Artikel 66 Inspektionsfunktion ... 120

Artikel 67: Häufigkeit der Kontrollen	122
Artikel 68: Einstweilige Maßnahmen	123
TITEL VI	124
KAPITEL I Allgemeine Grundsätze	125
Artikel 69: Verantwortliche Personen	126
Artikel 70: Konkurrenzvorschriften	127
Artikel 71: Gleichzeitigkeit von Sanktionsverfahren	128
KAPITEL II Verstöße und Sanktionen	129
Abschnitt 1: Verstöße	130
Artikel 72: Ordnungswidrigkeiten	131
Artikel 73: Geringfügige Verstöße	132
Artikel 74: Schwere Verstöße	133
Artikel 75: Schwerwiegende Verstöße	135
Abschnitt 2: Sanktionen	136
Artikel 76: Hauptstrafen	137
Artikel 77: Flankierende Maßnahmen	138
Artikel 78: Abstufung der Sanktionen	140
Artikel 79: Zivilrechtliche Haftung	141
Abschnitt 3: Sanktionsverfahren	142
Artikel 80: Zuständige Stellen	143
Artikel 81: Beteiligte am Verfahren	144
Erste Zusatzbestimmung. Begleithunde	145
Zweite Zusatzbestimmung. Staatlicher Tierschutzplan	146

Dritte Zusatzbestimmung. Befugnisse des Verteidigungsministeriums 147

Vierte Zusatzbestimmung. Gesetz über Menschenaffen 148

Fünfte zusätzliche Bestimmung. 149

Erste Übergangsbestimmung. Zulassung oder Erwerb der erforderlichen Qualifikationen 150

Zweite Übergangsbestimmung. Verbot bestimmter Arten als Heimtiere 151

Dritte Übergangsbestimmung. Zirkusse, Karussells und Jahrmarktsattraktionen 152

Vierte Übergangsbestimmung. Verkauf von Hunden, Katzen und Frettchen in Geschäften. 153

Fünfte Übergangsbestimmung. Haltung 154

Sechste Übergangsbestimmung 155

Einzige aufhebende Bestimmung 156

Erste Schlussbestimmung. Änderung des Gesetzes 16/1987, vom 30. Juli 1987, über die Organisation des 157

Zweite Schlussbestimmung. Änderung des Gesetzes 8/2003 vom 24. April über die Tiergesundheit 158

Dritte Schlussbestimmung. Änderung des Gesetzes 32/2007 vom 7. November über die Behandlung von Tier 159

Vierte Schlussbestimmung. Positivliste für Heimtiere 162

Fünfte Schlussbestimmung. Entwicklung des Zentralsystems der Tierschutzregister 163

Sechste Schlussbestimmung. Bezeichnung der Zuständigkeit 164

Siebte Schlussbestimmung. Regionales oder lokales Personal 165

Achte Schlussbestimmung. Gesetzliche Ermächtigung 166

Neunte Schlussbestimmung. Inkrafttreten 167

VORWORT

König Filipe IV von Spanien hat am 28. März 2023 das Gesetz Nr. 7/2023 über den Schutz der Rechte und das Wohlergehen von Tieren (kurz Tierschutzgesetz) verkündet. Es ist noch am folgenden Tag im Staatsanzeiger (BOE) veröffentlicht worden. Es ist 6 Monate nach seiner Verkündung, also am 29. September 2023, in Kraft getreten. Die Zeit bis zum Inkrafttreten sollte den beteiligten Kreisen eingeräumt werden, um sich mit den Neuregelungen vertraut zu machen. Da es in fast allen Regionen Spanien auch Menschen aus Deutschland, Österreich, der Schweiz und anderen Ländern gibt, die sich dem Tierschutz verschrieben haben, sollten sich auch diese Personen zumindest einen Überblick über die Neuregelungen verschaffen können. Dabei soll die nachstehende deutschsprachige Übersetzung helfen. Allerdings wird darauf hingewiesen, daß es sich um keine amtliche Übersetzung handelt, die nur der Orientierung dienen soll. Einzig der spanische Text, der im Staatsanzeiger (BOE) eingesehen werden kann, ist das maßgebliche Regelungswerk für den Tierschutz in Spanien.

Das Gesetz wurde geschaffen, um die einzelnen, teils doch recht unterschiedlichen Regelungen in den verschiedenen autonomen Gemeinschaften zu harmonisieren. Bei dieser Gelegenheit wollte man eine für alle Tiere einheitliche gesetzliche Regelung zu Fragen des Tierschutzes schaffen. Die lokalen gesetzlichen Bestimmungen der autonomen Gemeinschaften werden mit diesem Gesetz nicht unwirksam. Sie sind aber nach den Grundsätzen dieses Gesetzes auszulegen und anzuwenden. Leider ist es nicht gelungen, das Gesetz auf alle Tiere anwenden zu können, da eine Vielzahl von Interessengruppen versuchten, bestimmte Tiergruppen aus dem Geltungsbereich des Tierschutzgesetzes heraus zu nehmen. Das führte zu z.T. heftigen Debatten im Parlament und im Senat. Das Ergebnis ist das vorliegende Gesetz, welches einen Kompromiss zwischen den Akteuren darstellt und den Senat lediglich mit einer Stimme mehr, als erforderlich war, passierte und somit zustande kam. Da aber eine Reihe von Interessengruppen sich nach wie vor stark benachteiligt fühlen, bleibt abzuwarten, ob es zu Klagen zum spanischen Verfassungsgerichtshof kommen und wie dieser in der jeweiligen Streitfrage entscheiden wird.

Das vorliegende Gesetz gilt erst einmal nur für Heimtiere und in Gefangenschaft lebende Wildtiere sowie für Nutztiere, die ihren Zweck als

Nutztier verloren haben und in das Register der Heimtiere eingetragen sind oder werden sollen. Alle Tiere, die zu keiner der vorstehenden Gruppen gehören, werden nicht erfasst. Es gibt aber an einigen Stellen kleinere Widersprüche, die möglicherweise als Zutrittsstelle auch für die ausgeschlossenen Tiere führen könnten. So bestimmt Artikel 1 Abs. 2 Buchst. e), das Jagdhunde nicht unter dieses Gesetz fallen. Dem entgegen steht die Regelung in Art. 3 Buchst. a), wonach Hunde „… in jedem Fall als Heimtiere, unabhängig davon, zu welchem Zweck sie verwendet werden oder wo sie leben …" gelten. Bleibt abzuwarten, ob über diese widersprüchlichen Regelungen die Jagdhunde doch noch in den Genuss des Schutzes dieses Gesetzes gelangen.

Der Gesetzestext ist an einigen Stellen als schwirig zu bezeichnen, weil u.a. auf eine Vielzahl weiterer Rechtsvorschriften verwiesen wird. Daher empfiehlt es sich, im Falle, daß jemand durch die Verwaltung oder auf anderem Wege in den Geltungsbereich des Gesetzes hineingeraten sollte, sich unbedingt Rechtsrat bei einem auf dem Gebiet des Tierrechts tätigen Rechtsanwalts einzuholen.

Frank Siegert
Rechtsanwalt i.R. / abogado retirado

GESETZ 7/2023 VOM 28. MÄRZ ÜBER DEN SCHUTZ DER RECHTE UND DAS WOHLERGEHEN VON TIEREN.

Veröffentlicht im spanischen Staatsanzeiger „BOE" Nr. 75 vom 29. März 2023

(nichtamtliche deuten Übersetzung)

FELIPE VI.
KÖNIG VON SPANIEN

An alle Menschen im Staatsgebiet von Spanien.

Es wird bekannt gemacht: Das Parlament hat das folgende Gesetz gebilligt und ich bin ermächtigt, um es zu genehmigen und zu verkünden:

PRÄAMBEL

I.

In Spanien wird immer deutlicher, dass sich die Öffentlichkeit der Notwendigkeit bewusst wird, den Schutz von Tieren im Allgemeinen und insbesondere von Tieren, die in der menschlichen Umgebung leben, als empfindsame Wesen zu gewährleisten, deren Rechte gemäß Artikel 13 des Vertrags über die Arbeitsweise der Europäischen Union und des spanischen Zivilgesetzbuchs geschützt werden müssen. So haben die autonomen Gemeinschaften und die Stadtverwaltungen die Notwendigkeit aufgegriffen, Regelungen zu entwickeln, die den Schutz der Tiere, ihr Wohlergehen und die Ablehnung von Situationen, in denen sie misshandelt werden, voranzutreiben, was zu einer heterogenen Reihe von Regelungen geführt hat, die Schutzmechanismen von unterschiedlicher Tragweite einführen, je nach dem territorialen Bereich, in dem sie gelten.

Das Konzept des "Wohlergehens der Tiere", das vom Internationalen Tierseuchenamt als "der physische und psychische Zustand eines Tieres im Verhältnis zu den Bedingungen, unter denen es lebt und stirbt" definiert wird, wurde in zahlreiche nationale und internationale Regelungen aufgenommen; so heißt es in dem bereits erwähnten Artikel 13 des Vertrags über die Arbeitsweise der Europäischen Union, dass die Tiere als fühlende Wesen "bei der Festlegung und Durchführung der Politik der Union in den Bereichen Landwirtschaft, Fischerei, Verkehr, Binnenmarkt, Forschung und technologische Entwicklung sowie Raumfahrt ..." zu berücksichtigen sind, während das Bürgerliche Gesetzbuch die Verpflichtung des Eigentümers, Besitzers oder Inhabers sonstiger Rechte an einem Tier vorsieht, seine Rechte an dem Tier und seine Sorgfaltspflichten unter gebührender Berücksichtigung seiner Empfindungsfähigkeit und seines Wohlbefindens auszuüben ...". während das Bürgerliche Gesetzbuch die Verpflichtung des Eigentümers, Besitzers oder Inhabers eines anderen Rechts an einem Tier vorsieht, seine Rechte an ihm und seine Sorgfaltspflichten unter Berücksichtigung seiner Empfindungsfähigkeit und seines Wohlergehens entsprechend den Besonderheiten jeder Art und den in dieser und anderen geltenden Rechtsvorschriften vorgesehenen Beschränkungen auszuüben.

Das Hauptziel dieses Gesetzes besteht nicht so sehr darin, das Wohlergehen der Tiere durch die Bewertung der ihnen gebotenen Bedingungen zu gewährleisten, sondern vielmehr darin, die Anerkennung und den Schutz der Würde der Tiere durch die Gesellschaft zu regeln. Es regelt also nicht die Tiere als ein weiteres Element unserer Wirtschaftstätigkeit, dem aufgrund seiner Empfindungsfähigkeit Bedingungen geschuldet sind, sondern es regelt unser Verhalten ihnen gegenüber als Lebewesen im Rahmen unseres Zusammenlebens.

Dieses Gesetz enthält eine Reihe von Konzepten und Begriffen, die auf der Grundlage dieser Überlegung die Definitionen in den derzeit geltenden Verordnungen vereinheitlichen und harmonisieren, um eine bessere Anwendung im Einklang mit den Grundsätzen der Effizienz und Rechtssicherheit zu ermöglichen.

In Spanien lebt einer von drei Haushalten mit mindestens einem Haustier, so dass es nach Angaben der Haustierregister der autonomen Gemeinschaften derzeit mehr als dreizehn Millionen registrierte und gekennzeichnete Haustiere gibt. Trotzdem zeigen Studien, wie die von der Stiftung Affinity gemeinsam mit der Abteilung für Psychiatrie und Rechtsmedizin der Autonomen Universität Barcelona durchgeführten, dass nur 27,7 % der in den Tierheimen ankommenden Hunde mit einem Mikrochip gekennzeichnet sind, während es bei den Katzen nur 4,3 % sind; dies bedeutet, dass sich die meisten Haustiere außerhalb der offiziellen Kontrolle befinden, da sie nicht rechtmäßig gekennzeichnet sind, mit den daraus resultierenden Risiken sowohl für ihren angemessenen Schutz als auch für die öffentliche Gesundheit und Sicherheit und die Erhaltung der biologischen Vielfalt.

In diesem Zusammenhang wird in der Entschließung des Europäischen Parlaments vom 12. Februar 2020 zum Schutz des Binnenmarkts und der Verbraucherrechte in der Europäischen Union vor den negativen Folgen des illegalen Heimtierhandels - Spanien ist eines der wichtigsten Herkunfts- und Bestimmungsländer des Heimtierhandels in der Europäischen Union - besonders hervorgehoben, dass Maßnahmen gegen den illegalen Heimtierhandel ergriffen werden müssen, und es werden insbesondere folgende Punkte festgelegt: ein obligatorisches System zur Registrierung von Hunden und Katzen in der Europäischen Union, eine Definition der europäischen kommerziellen Großzuchtanlagen, die Verschärfung der Strafen für Tiermissbrauch und die Förderung der Adoption im Gegensatz zum Kauf von Haustieren, die Bereitstellung einer angemessenen finanziellen und sonstigen materiellen und immateriellen Unterstützung für Tierrettungszentren und nichtstaatliche Tierschutzeinrichtungen bzw. -organisationen.

II.

Ziel dieses Gesetzes ist es, rechtliche Mechanismen zur Förderung des Tierschutzes und zur Verhinderung der hohen Zahl ausgesetzter Tiere in unserem Land einzuführen, indem ein gemeinsamer Rahmen für das gesamte spanische Staatsgebiet geschaffen wird, der Behörden und Bürger in die Achtung aller Tiere einbezieht.

So haben die verschiedenen autonomen Gemeinschaften und die Städte Ceuta und Melilla in ihrem jeweiligen Hoheitsgebiet ein heterogenes

FRANK SIEGERT

Regelwerk für den Tierschutz und das Wohlergehen der Tiere geschaffen, das in unterschiedlichem Umfang Leitlinien für den Umgang mit Tieren enthält, was die Notwendigkeit begründet, das Rechtssystem für den Tierschutz in unserem Land kohärent zu gestalten und ein gemeinsames Mindestmaß an Rechten und Pflichten gegenüber Tieren unabhängig von dem Gebiet, in dem sie leben, festzulegen.

Die lokalen Verwaltungen stellen ihrerseits im Rahmen der Bestimmungen des Gesetzes 7/1985 vom 2. April 1985 zur Regelung der Grundlagen der lokalen Verwaltung ein grundlegendes Element für die Umsetzung der Bestimmungen dieses Gesetzes dar, da sie nicht nur den ersten Kontakt zwischen der Öffentlichkeit und der Verwaltung darstellen, sondern sich auch im Rahmen der Ausübung von Befugnissen im Bereich des Umweltschutzes und des Schutzes der öffentlichen Gesundheit nach Maßgabe der regionalen Gesetzgebung unmissverständlich mit den Problemen auseinandersetzen, die direkt und indirekt mit der Aussetzung von Tieren verbunden sind.

Der Besitz eines Haustieres muss mit einer Verantwortung verbunden sein, die der Fürsorge entspricht, die man einem anderen Wesen, als einer Sache zukommen lassen sollte.

Dieses Gesetz fördert Mechanismen zur Adoption ausgesetzter Tiere und legt pädagogische, informative und tierärztliche Kriterien fest, die gewährleisten, dass nicht identifizierte Tiere die Ausnahme von einer Normalität sind, in der die meisten von ihnen identifizierbar sind und ihre tierärztliche Behandlung auf dem neuesten Stand ist.

Auch die Entschließung des Europäischen Parlaments vom 9. Juni 2021 zur "Strategie zur Erhaltung der biologischen Vielfalt 2030" fordert die Mitgliedstaaten auf, insbesondere zur Bekämpfung invasiver gebietsfremder Arten (IAS) weiße Listen - in diesem Gesetz als "Positivlisten" bezeichnet - von Arten zu erstellen, die auf der Grundlage einer wissenschaftlichen Bewertung für die Einfuhr, die Haltung, die Zucht und den Handel als Heimtiere zugelassen sind, und fordert, dass diese so bald wie möglich für die gesamte Europäische Union erstellt werden. Darüber hinaus werden die Mitgliedstaaten in derselben Entschließung des Europäischen Parlaments aufgefordert, die ökologischen Ressourcen und die biologische Vielfalt durch Grünzonen in städtischen Gebieten, die Förderung der Vernetzung von Lebensräumen und die Schaffung grüner Korridore zu erweitern und den illegalen Handel mit nichtheimischen und wildlebenden Arten zu bekämpfen.

Diese Positivlisten sollten nicht als Einschränkung der Bestimmungen anderer Verordnungen wie des Übereinkommens über den internationalen Handel mit gefährdeten Arten freilebender Tiere und Pflanzen (CITES-Übereinkommen) verstanden werden. Dieses Übereinkommen legt die Bedingungen für die grenzüberschreitende Verbringung bestimmter Arten fest, deren Überleben durch den Handel gefährdet werden könnte.

DAS SPANISCHE TIERSCHUTZGESETZ VOM 28. MÄRZ 202...

Dieses Übereinkommen regelt die Bedingungen für den Transport und den Bestimmungsort der Tiere, nicht aber die Bedingungen für ihren Besitz, und muss daher durch andere Regelungen ergänzt werden, die sich aus dem technischen, wissenschaftlichen und ordnungspolitischen Fortschritt ergeben. Die bloße Betrachtung der Tiere als fühlende Wesen im Zivilgesetzbuch verpflichtet die Behörden, das Wohlergehen der unter dieses Gesetz fallenden Tiere zu gewährleisten, und auch der spanische Katalog der invasiven gebietsfremden Arten verpflichtet sie, die Möglichkeit einer Beeinträchtigung der biologischen Vielfalt als begrenzenden Faktor für die Haltung von Wildtieren in Gefangenschaft zu berücksichtigen. Schließlich müssen die Sicherheit und die Gesundheit der Menschen Vorrang vor der Kontrolle haben, die die öffentlichen Verwaltungen über die Haltung von Wildtieren als Haustiere ausüben.

III.

Das Gesetz gliedert sich in einen einleitenden Titel, sechs Titel, fünf zusätzliche Bestimmungen, sechs Übergangsbestimmungen, eine Ausnahmeregelung und neun Schlussbestimmungen.

Der einleitende Titel behandelt allgemeine Aspekte in Bezug auf den Gegenstand des Gesetzes und seinen Anwendungsbereich und definiert die darin enthaltenen Begriffe.

Titel I legt Verwaltungsmechanismen zur Förderung des Tierschutzes fest, indem er in Kapitel I den Grundsatz der Zusammenarbeit zwischen den öffentlichen Verwaltungen in diesem Bereich verankert und verschiedene Kooperations- und Beratungsgremien beschreibt, in denen Personen mit wissenschaftlichem und technischem Profil sowie Vertreter der territorialen Verwaltungen und der im Tierschutz tätigen Berufsverbände vertreten sind.

Kapitel II regelt das neue Zentrale Registrierungssystem für den Tierschutz als Hilfsmittel für die öffentlichen Verwaltungen, die für den Tierschutz und die Tierrechte zuständig sind.

Die Kapitel III, IV und V des Titels I regeln die Instrumente zur Überwachung und Umsetzung der öffentlichen Tierschutzpolitik durch die Erstellung von Tierschutzstatistiken, die Ausarbeitung von territorialen Tierschutzprogrammen und die Bereitstellung wirtschaftlicher Mittel für die öffentlichen Verwaltungen zur Umsetzung ihrer Tierschutzpolitik.

In Kapitel VI wird die notwendige Zusammenarbeit zwischen der zuständigen Ministerialabteilung und den öffentlichen Einrichtungen, die direkt an der Bekämpfung von Tiermissbrauch beteiligt sind, dargelegt.

Die Kapitel VII und VIII verpflichten die Gebietskörperschaften, über Protokolle für die Behandlung von Tieren in Notsituationen zu verfügen, die oft vergessen werden, was negative Folgen für ihre Besitzer hat, sowie über eigene oder vertraglich vereinbarte öffentliche Tierschutzzentren, damit die Gemeinden selbst im Tierschutz tätig werden und diese Aufgabe nicht ausschließlich privaten, gemeinnützigen Organisationen überlassen.

Titel II befasst sich mit der verantwortungsvollen Haltung und Koexistenz von Tieren und legt unbeschadet der von den Autonomen Gemeinschaften im Rahmen ihrer Zuständigkeiten erlassenen Vorschriften ein gemeinsames Bündel von Pflichten und Verboten für Halter oder Verantwortliche von Heimtieren und Wildtieren in Gefangenschaft fest.

Insbesondere wird das Verbot der Tötung von Heimtieren festgelegt, außer in den in diesem Gesetz vorgesehenen Fällen, die stets von einem Tierarzt durchzuführen ist, wobei die Tiere nicht aus Gründen des Standorts, des Alters oder des Platzes in den Einrichtungen getötet werden dürfen.

In Kapitel II werden die Bedingungen für die Haltung von Heimtieren sowohl in Privathaushalten als auch im Freien so festgelegt, dass der Schutz und die Rechte der Tiere gewährleistet sind, sowie die Bedingungen für den Zugang zu Verkehrsmitteln und Einrichtungen, die der Öffentlichkeit zugänglich sind. Insbesondere für Hundehalter wird die Absolvierung eines entsprechenden Kurses zur Pflicht gemacht, um die verantwortungsvolle Haltung von Tieren zu erleichtern, die häufig durch mangelnde Kenntnisse im Umgang, in der Pflege und im Besitz von Tieren bedingt ist.

Kapitel III regelt die Zucht, die Haltung und den Handel mit Wildtieren, die nicht auf der Positivliste für Heimtiere stehen, sowie die Zucht allochthoner Arten.

Kapitel IV schafft die Grundlage für ein verantwortungsvolles Zusammenleben mit Tieren sowie die Förderung von Aktivitäten durch die Behörden, die darauf abzielen, die grundlegenden Kriterien für eine verantwortungsvolle Tierhaltung und Koexistenz in der Gesellschaft zu verbreiten.

Kapitel V führt in unser Rechtssystem das Konzept einer Positivliste für Heimtiere ein, die es erlaubt, sie zu halten, zu verkaufen und zu vermarkten, wobei den Kriterien der Sicherheit für den Menschen, der öffentlichen Gesundheit und der Umwelt Vorrang eingeräumt wird, um die Arten zu begrenzen, die als Heimtiere gelten können.

In Kapitel VI wird der rechtliche Rahmen für die Behandlung frei umherstreifender Katzenpopulationen festgelegt, d. h. von Kolonien, die von ausgesetzten, streunenden oder marodierenden Katzen stammen, die nicht sterilisiert wurden, und von deren Würfen, die aus unverantwortlicher Haltung stammen. Er führt das Konzept der Gemeinschaftskatze ein, d. h. der freilaufenden Katze, die in menschlicher Umgebung lebt und aufgrund ihrer mangelnden Sozialisierung nicht adoptiert werden kann, und legt ein umfassendes Management dieser Katzen mit nicht-tödlichen Methoden auf der Grundlage der CER-Methode fest, mit dem Ziel, ihre Population schrittweise zu reduzieren und gleichzeitig den Beitrag neuer Individuen durch die obligatorische

DAS SPANISCHE TIERSCHUTZGESETZ VOM 28. MÄRZ 202...

Sterilisation von Hauskatzen zu kontrollieren.

In Kapitel VII werden erstmals die verschiedenen Arten von Tierschutzorganisationen nach ihrem Zweck klassifiziert und die Anforderungen für die Eintragung in das Register der Tierschutzorganisationen festgelegt.

Titel III über die Zucht, den Handel, die Kennzeichnung, die Weitergabe und den Transport von Tieren regelt in Kapitel I die Zucht von und den Handel mit Tieren, für die klare und garantierte Regeln gelten müssen, die die Tiere nach ihrem Status als fühlende Wesen unterscheiden. Die Zucht darf nur von registrierten Züchtern betrieben werden, die tierärztlich überwacht werden, um sicherzustellen, dass sie auf verantwortungsvolle und maßvolle Weise erfolgt.

Der Verkauf oder die Adoption von Heimtieren ist geregelt und kann nur von professionellen Züchtern, spezialisierten und zugelassenen Geschäften oder Tierschutzzentren durchgeführt werden. Außerdem ist die kostenlose Weitergabe von Heimtieren vorgesehen, sofern dies in einem Vertrag zwischen den Parteien festgehalten wird.

Dieses Kapitel regelt auch die Ein- und Ausfuhr von Heimtieren, um der Positivliste für Heimtiere Kohärenz zu verleihen. Dieses Gesetz steht nicht im Widerspruch zu den Vorschriften über Veterinärgrenzkontrollen und das Zollsystem der Europäischen Union, insbesondere zu den Vorschriften der Verordnung (EU) 2017/625 des Europäischen Parlaments und des Rates vom 15. März 2017 über Kontrollen und andere amtliche Tätigkeiten zur Gewährleistung der Durchführung des Lebensmittel- und Futtermittelrechts sowie der Bestimmungen über Tiergesundheit und Tierschutz, Pflanzengesundheit und Pflanzenschutz und zur Änderung der Verordnungen (EG) Nr. 999/2001, (EG) Nr. 396/2005, (EG) Nr. 1069/2009, (EG) Nr. 11069/2009, (EG) Nr. 11069/2009, (EG) Nr. 1106/2009, (EG) Nr. 1107/2009, (EG) Nr. 1/2005 und (EG) Nr. 1099/2009 des Rates sowie die Richtlinien 98/58/EG, 1999/74/EG, 2007/43/EG, 2008/119/EG und 2008/120/EG des Rates und zur Aufhebung der Verordnungen (EG) Nr. 854/2004 und (EG) Nr. 854/2004 und (EG) Nr. 1099/2009 des Europäischen Parlaments und des Rates sowie zur Aufhebung der Verordnungen (EG) Nr. 854/2004 und (EG) Nr. 1099/2009 des Europäischen Parlaments und des Rates. Nr. 854/2004 und (EG) Nr. 882/2004 des Europäischen Parlaments und des Rates. Nr. 882/2004 des Europäischen Parlaments und des Rates, Richtlinien 89/608/EWG, 89/662/EWG, 90/425/EWG, 91/496/EWG, 96/23/EG, 96/93/EG und 97/78/EG des Rates und Beschluss 92/438/EWG des Rates (Verordnung über amtliche Kontrollen), Verordnung (EU) 2016/429 des Europäischen Parlaments und des Rates vom 9. März 2016 über übertragbare Tierseuchen und zur Änderung oder Aufhebung bestimmter tierseuchenrechtlicher Vorschriften ("Tiergesundheitsrecht") und Verordnung (EU) Nr. 576/2013 des Europäischen Parlaments und des Rates vom 9. März 2013 über Tiergesundheit ("Tiergesundheitsrecht") und

FRANK SIEGERT

Verordnung (EU) Nr. 576/2013 des Europäischen Parlaments und des Rates vom 9. März 2013 über Tierseuchen und zur Änderung oder Aufhebung bestimmter tierseuchenrechtlicher Vorschriften ("Tiergesundheitsrecht"). Nr. 576/2013 des Europäischen Parlaments und des Rates vom 12. Juni 2013 über die Verbringung von Heimtieren zu anderen als Handelszwecken und zur Aufhebung der Verordnung (EG) Nr. 998/2003, durch das Ministerium für Landwirtschaft, Fischerei und Ernährung und die staatliche Agentur für Steuerverwaltung.

In Kapitel II des Titels III werden die Bedingungen für den Transport von Tieren, die in den Anwendungsbereich des Gesetzes fallen, festgelegt, um würdige Transportbedingungen zu gewährleisten, die den physiologischen und ethologischen Bedürfnissen der Tiere Rechnung tragen.

Titel IV regelt als Reaktion auf eine eindeutige gesellschaftliche Forderung die Verwendung von Tieren bei kulturellen und festlichen Aktivitäten und legt Bedingungen für die Verwendung fest, die ihrer Würde als fühlende Wesen entsprechen, um Situationen der Erniedrigung, Misshandlung und des Todes des Tieres zu vermeiden.

Titel V regelt die Kontroll- und Überwachungsfunktionen unter der Prämisse der Zuständigkeit der Autonomen Gemeinschaften für die Kontrolltätigkeit und die notwendige Zusammenarbeit mit den Sicherheitskräften und -korps.

Titel VI legt das gemeinsame System von Verstößen und Sanktionen bei Nichteinhaltung der gesetzlichen Bestimmungen sowie das Sanktionsverfahren fest, das in die Zuständigkeit der autonomen Gemeinschaften oder lokalen Körperschaften fällt.

Die zusätzlichen Bestimmungen betreffen die rechtliche Regelung für Assistenzhunde, die Ausarbeitung des ersten staatlichen Tierschutzplans und die besonderen Zuständigkeiten des Verteidigungsministeriums in Bezug auf die ihm und seinen öffentlichen Einrichtungen zugewiesenen Tiere, die Ausarbeitung eines Gesetzes über Menschenaffen und einen Auftrag an die Regierung, Empfehlungen zu ethischen Grundsätzen und Bedingungen für den Tierschutz auszuarbeiten.

Die Übergangsbestimmungen legen die vorübergehende Regelung für bestimmte Aspekte des Gesetzes fest, wie z.B. die Zulassung oder den Erwerb von Qualifikationen durch Personen, die derzeit mit Tieren arbeiten, das Verbot bestimmter Arten als Begleittiere, die Besitzer von Zirkussen, Karussells oder Jahrmarktsattraktionen, die Tiere verwenden, den Verkauf von Hunden, Katzen und Frettchen in Geschäften, die Haltung von Begleittieren und in Gefangenschaft lebenden Walen.

Die Schlussbestimmungen enthalten verschiedene Änderungen an den Vorschriften bestehender Gesetze, die notwendig sind, um sie an die Anforderungen und Bestimmungen dieses Gesetzes und seiner verfassungsrechtlichen Grundlage anzupassen, um die Entwicklung von

Rechtsvorschriften zu ermöglichen und das Datum seines Inkrafttretens sechs Monate nach seiner Veröffentlichung im "Boletín Oficial del Estado" BOE (Staatsanzeiger) festzulegen.

Der Gesetzesentwurf, aus dem dieses Gesetz hervorgeht, steht im Einklang mit den Grundsätzen einer guten Regelung gemäß Artikel 129 des Gesetzes 39/2015 vom 1. Oktober über das gemeinsame Verwaltungsverfahren der öffentlichen Verwaltungen. Er entspricht den Grundsätzen der Notwendigkeit und der Wirksamkeit, indem er die effiziente Nutzung der öffentlichen Mittel sicherstellt, indem er die Beteiligung der öffentlichen Verwaltungen auf staatlicher, regionaler und lokaler Ebene an den Kollegialorganen zur Förderung des Tierschutzes optimiert. Er entspricht dem Grundsatz der Verhältnismäßigkeit, indem er die Mindestregelung festlegt, die erforderlich ist, um den erforderlichen Bedarf zu decken, ohne dass es Alternativen zu einer gesetzlichen Regelung gibt, da alle vorgeschlagenen Maßnahmen aus Gründen der Rechtssicherheit und zur Gewährleistung ihrer Wirksamkeit eine Regelung dieses Ranges erfordern. Er steht im Einklang mit dem Grundsatz der Rechtssicherheit, indem er die Kohärenz des Rechtssystems sowie dessen Kenntnis bei den Adressaten stärkt, insbesondere im Hinblick auf die Regelung der verantwortungsvollen Haltung und des Zusammenlebens mit Tieren, indem er einen stabilen, vorhersehbaren, integrierten, klaren und sicheren Regelungsrahmen schafft, der das Verständnis und folglich das Handeln und die Entscheidungsfindung von Menschen, Unternehmen und Verwaltungen erleichtert. Der Vorentwurf trägt dem Grundsatz der Transparenz Rechnung, indem er die Ziele der eingeführten Bestimmungen klar definiert und gleichzeitig eine breite Beteiligung der Adressaten ermöglicht. Er entspricht auch dem Grundsatz der Effizienz, indem er die Verwendung öffentlicher Mittel rationalisiert, und andererseits steht der eingeführte Verwaltungsaufwand im Einklang mit dem Hauptziel des Gesetzes, das darin besteht, die höchstmöglichen Standards für das Wohlergehen und den Schutz der in der menschlichen Umwelt lebenden Tiere zu gewährleisten.

EINLEITENDER TITEL

Allgemeine Bestimmungen

ARTIKEL 1: ZWECK UND ANWENDUNGSBEREICH

1. Ziel dieses Gesetzes ist es, auf dem gesamten spanischen Staatsgebiet eine grundlegende rechtliche Regelung für den Schutz, die Gewährleistung der Rechte und das Wohlergehen von Heimtieren (animales de compania) und in Gefangenschaft lebenden Wildtieren zu schaffen, unbeschadet der Tiergesundheit, die durch das Gesetz 8/2003 vom 24. April über die Tiergesundheit und durch die Vorschriften der Europäischen Union geregelt wird.

2. Unter den Rechten der Tiere ist ihr Recht auf gute Behandlung, Achtung und Schutz zu verstehen, das ihrer Natur als fühlende Wesen innewohnt und sich aus ihr ableitet, sowie die Pflichten, die die Rechtsordnung den Menschen auferlegt, insbesondere denjenigen, die Kontakt oder Beziehungen zu ihnen unterhalten.

3. Vom Anwendungsbereich dieses Gesetzes sind ausgenommen:

a) Tiere, die in Stierkampfvorführungen verwendet werden, wie in den Artikeln 2 und 10 des Gesetzes 10/1991 vom 4. April über Verwaltungsbefugnisse in Bezug auf Stierkampfvorführungen vorgesehen ist.

b) Nutztiere, wie im Gesetz 32/2007 vom 7. November definiert, für die Pflege von Tieren, ihre Nutzung, ihren Transport, ihre Versuche und ihre Tötung während ihres gesamten Lebenszyklus, es sei denn, der Eigentümer beschließt, sie als Haustiere in das in diesem Gesetz vorgesehene Register einzutragen, da sie nicht mehr als Nutztiere dienen.

c) Tiere, die gemäß dem Königlichen Erlass 53/2013 vom 1. Februar gezüchtet, gehalten und verwendet werden, der die Grundregeln für den Schutz von Tieren festlegt, die für Versuche und andere wissenschaftliche Zwecke, einschließlich der Lehre, verwendet werden, sowie Tiere, die in der klinischen Veterinärforschung verwendet werden, gemäß dem Königlichen Erlass 1157/2021 vom 28. Dezember, der die industriell hergestellten Tierarzneimittel regelt.

d) Wildtiere, die den Bestimmungen des Gesetzes 42/2007 vom 13. Dezember über das Naturerbe und die biologische Vielfalt unterliegen, es sei denn, sie befinden sich in Gefangenschaft.

e) Tiere, die für bestimmte Tätigkeiten eingesetzt werden (vom Consejo Superior de Deportes anerkannte Sportarten, Falkner, Hirten- und

FRANK SIEGERT

Herdenschutzhunde) sowie Tiere, die für berufliche Tätigkeiten eingesetzt werden (für eine bestimmte Tätigkeit oder Aufgabe, die sie gemeinsam mit ihrem Führer in einem beruflichen Umfeld oder am Arbeitsplatz ausüben, wie z. B. Rettungshunde, Begleittiere, die bei Hilfseinsätzen eingesetzt werden, oder Tiere der Sicherheitskräfte und -korps oder der Streitkräfte). Ebenfalls ausgenommen sind Jagdhunde, Rehalas und Jagdhilfstiere. Sie alle werden durch die entsprechenden geltenden europäischen, staatlichen und regionalen Vorschriften geregelt und geschützt, die außerhalb dieses Gesetzes auf sie anwendbar sind.

ARTIKEL 2: ZWECK

1. Zweck dieses Gesetzes ist es, den rechtlichen Rahmen festzulegen, der es ermöglicht, den größtmöglichen Schutz der Rechte und des Wohlergehens der Tiere, die in seinen Anwendungsbereich fallen, zu erreichen.

2. Die Maßnahmen zur Erreichung dieses Ziels sind:

a) Förderung einer verantwortungsvollen Haltung und Koexistenz.

b) Förderung des Schutzes der Rechte von Tieren und des Tierschutzes bei den Bürgern.

c) Bekämpfung von Misshandlungen und Aussetzungen.

d) Förderung von Adoptionen und Pflegestellen.

e) Entwicklung von Bildungs-, Informations- und Aufklärungsaktivitäten im Bereich des Tierschutzes.

f) Förderung von Kampagnen zur Identifizierung, Impfung, Sterilisation, Zucht und zum verantwortungsvollem Verkauf.

g) Förderung von Verwaltungsmaßnahmen zur Unterstützung des Tierschutzes.

h) Schaffung eines Rahmens von Verpflichtungen sowohl für die öffentliche Verwaltung als auch für die Bürger im Hinblick auf den Schutz der Rechte von Tieren und den Tierschutz.

3. Die öffentlichen Verwaltungen kooperieren und arbeiten in Fragen des Tierschutzes zusammen und tauschen Informationen aus, um die Einhaltung der Ziele dieses Gesetzes zu gewährleisten.

ARTIKEL 3:
BEGRIFFSBESTIMMUNGEN

Für die Zwecke dieses Gesetzes gelten die folgenden Definitionen:

a) Heimtier (animales de compania): Haus- oder Wildtier in Gefangenschaft, das vom Menschen hauptsächlich im Haushalt gehalten wird, sofern es unter guten Haltungsbedingungen, die seinen ethologischen Bedürfnissen entsprechen, gehalten werden kann, sich an die Gefangenschaft anpassen kann und nicht zum Verzehr oder zur Verwertung seiner Erzeugnisse oder zur gewerblichen Nutzung oder zu anderen kommerziellen oder gewinnbringenden Zwecken bestimmt ist und - im Falle von Wildtieren - seine Art in der Positivliste der Heimtiere aufgeführt ist. Hunde, Katzen und Frettchen gelten in jedem Fall als Heimtiere, unabhängig davon, zu welchem Zweck sie verwendet werden oder wo sie leben oder woher sie stammen. Nutztiere gelten nur dann als Heimtiere, wenn der Eigentümer beschließt, sie als Heimtiere in das Heimtierregister einzutragen, nachdem sie ihren Verwendungszweck (als Nutztier – Anm. d.Red.) verloren haben.

b) Haustier: jedes Tier, das unter die Definition des Gesetzes 8/2003 vom 24. April fällt.

c) Wildtier: jedes Tier, das zur Gruppe der Arten, Unterarten und Populationen der Fauna gehört, deren Genotyp/Phänotyp nicht durch menschliche Selektion beeinflusst wurde, unabhängig von seiner natürlichen oder eingeführten Herkunft, einschließlich Exemplare einheimischer und nicht einheimischer Arten, unabhängig davon, ob sie in Gefangenschaft oder in freier Wildbahn leben. Haus- und Heimtiere, auch wenn sie wieder verwildert sind, gelten nicht als Wildtiere.

d) In Gefangenschaft gehaltenes Wildtier: jedes Wildtier, dessen Genotyp/Phänotyp durch menschliche Selektion nicht wesentlich verändert wurde und das von Menschen in Gefangenschaft gehalten wird. Es kann ein Heimtier sein, wenn es in der Positivliste der Heim tiere aufgeführt ist, andernfalls wird es für die Zwecke dieses Gesetzes als Wildtier in Gefangenschaft betrachtet, unbeschadet der Unterwerfung von wilden Nutztieren unter das Gesetz 32/2007 vom 7. November über die Pflege von Tieren, ihre Nutzung, ihren Transport, ihre Versuche und ihre Tötung.

e) Ausgesetztes Tier: Jedes Tier, das in den Anwendungsbereich dieses Gesetzes fällt und ohne Begleitung oder Aufsicht einer Person umherwandert, unabhängig davon, ob seine Herkunft oder sein Eigentümer oder seine verantwortliche Person identifiziert wurde oder nicht, und dessen Verschwinden nicht auf die festgelegte Weise und innerhalb der festgelegten Fristen mitgeteilt oder gemeldet wurde. Ebenso werden Tiere, die angebunden oder in einem Gehege oder auf einem Grundstück verbleiben, ohne dass der Eigentümer oder die verantwortliche Person für ihre Grundbedürfnisse sorgt, sowie alle Tiere, die nicht innerhalb der festgelegten Frist von ihren Eigentümern oder verantwortlichen Personen aus den Sammelstellen sowie aus den Unterkünften, Veterinärzentren oder anderen ähnlichen Einrichtungen, in denen sie zuvor abgegeben wurden, abgeholt werden, als ausgesetzte Tiere betrachtet. Ausgenommen von dieser Kategorie sind Gemeinschaftskatzen, die zu Katzenkolonien gehören.

f) hilfloses Tier: jedes Tier im Geltungsbereich dieses Gesetzes, das sich unabhängig von seiner Herkunft oder Art in einer hilflosen oder kranken Lage befindet und keine Pflege oder Hilfe erhält.

g) Streunendes Tier: jedes Tier im Sinne dieses Gesetzes, das identifiziert oder nicht identifiziert ist und ohne Ziel und ohne Kontrolle umherstreift, vorausgesetzt, seine Besitzer oder Verantwortlichen haben den Verlust oder das Abhandenkommen des Tieres in der festgelegten Weise und innerhalb der festgelegten Frist bei der zuständigen Behörde gemeldet.

h) Identifiziertes Tier: ein Tier, das das von den zuständigen Behörden per Verordnung für seine Art festgelegte Kennzeichnungssystem trägt und in dem entsprechenden Register eingetragen ist.

i) Tiere, die für bestimmte Tätigkeiten verwendet werden: Haustiere, die für eine bestimmte Tätigkeit oder Aufgabe eingesetzt werden, wie z. B. Falkenvögel, Hüte- und Wachhunde oder Hunde und Frettchen für die Jagd.

j) Beruflich genutzte Tiere: Heimtiere, die einer bestimmten Tätigkeit oder Aufgabe gewidmet sind, die sie zusammen mit ihrem Hundeführer in einem beruflichen Umfeld oder bei der Arbeit ausüben, wie z. B. Rettungshunde, Begleittiere, die bei unterstützten Interventionen eingesetzt werden, oder Tiere der Sicherheitskräfte oder der Streitkräfte.

k)Tierschutz: der physische und psychische Zustand eines Tieres in Bezug auf die Bedingungen, unter denen es lebt und stirbt, gemäß der Definition der Weltorganisation für Tiergesundheit.

l) Tierheim: ein privates Heim, das in formalisierter Zusammenarbeit mit einer öffentlichen Verwaltung, einem Tierschutzzentrum oder einer Tierschutzorganisation herrenlose oder streunende Tiere, ausgesetzte Tiere oder Tiere, die zur vorübergehenden Verwahrung in Obhut genommen wurden, aufnimmt und ihre Pflege, Betreuung und Versorgung unter guten hygienischen und sanitären Bedingungen gewährleistet.

m) Tierschutzzentrum: Einrichtung zur Unterbringung und Pflege von streunenden, herrenlosen, ausgesetzten oder beschlagnahmten Tieren, unabhängig davon, ob sie sich in öffentlichem oder privatem Besitz befinden, die über die entsprechende Infrastruktur für ihre Pflege und die gesetzlich vorgeschriebenen Genehmigungen verfügt.

n) CER: eine Managementmethode, die das Einfangen, die Kastration und die Rückführung von Gemeinschaftskatzen auf tierfreundliche Weise beinhaltet.

ñ) Katzenkolonie: Für die Zwecke dieses Gesetzes und ihres Schutzes und ihrer Populationskontrolle ist eine Katzenkolonie eine Gruppe von Katzen der Art Felis catus, die in einem Zustand der Freiheit oder Halbfreiheit leben, die aufgrund ihres geringen oder fehlenden Sozialisierungsgrades nicht leicht von Menschen angesprochen oder gehalten werden können, die aber ihr Leben um sie herum für ihren Lebensunterhalt entwickeln.

o) Eingetragener Züchter: Person, die für die Zuchttätigkeit verantwortlich ist und im Register der Haustierzüchter eingetragen ist.

p) Verwalter von Katzenkolonien: eine ordnungsgemäß bevollmächtigte Person, die sich um die zu einer Kolonie gehörenden Katzen kümmert und dabei eine Methode zur Verwaltung von Katzenkolonien anwendet, ohne als Eigentümer oder Verantwortlicher für die Katzen in der Kolonie zu gelten.

q) Tierschutzeinrichtungen: Einrichtungen ohne Erwerbszweck, die eine Tätigkeit in den Bereichen Pflege, Rettung, Rehabilitation, Suche nach Adoption von Tieren, Verwaltung von Katzenkolonien, Sensibilisierung für verantwortungsbewusstes Eigentum oder Rechtsschutz von Tieren ausüben und gemäß den Bestimmungen dieses Gesetzes in das Register der Tierschutzeinrichtungen eingetragen sind.

r) städtische Umwelt: Orte, die vom Menschen verändert oder geschädigt wurden und in denen Maßnahmen zur Einführung von Elementen ergriffen werden, um den Grad der Anthropisierung zu verringern.

s) Sterilisation: klinische Methode, die von registrierten Tierärzten vorgenommen wird und bei der ein chirurgischer oder medikamentöser Eingriff an einem Tier erfolgt, um seine Fortpflanzungsfähigkeit zu verhindern.

t) "urbane Fauna": alle Wirbeltiere, die zu einer synanthropen Art gehören und ohne bekannten Besitzer oder Halter in den städtischen Zentren von Städten und Gemeinden gemeinsam mit Menschen leben

u) Gemeinschaftskatze: Für die Zwecke dieses Gesetzes und ihres Schutzes und ihrer Populationskontrolle wird eine Gemeinschaftskatze als ein Individuum der Art Felis catus betrachtet, das in freier Wildbahn lebt, aber an ein Territorium gebunden ist und aufgrund seines geringen oder fehlenden Sozialisierungsgrades nicht leicht von Menschen angesprochen oder gehalten werden kann, sondern sein Leben zu seinem Lebensunterhalt um sie herum entwickelt.

v) "Herumstreunende Katze": eine Katze, die sich unbeaufsichtigt außerhalb der Wohnung des Besitzers aufhält.

w) Verwaltung von Katzenkolonien: standardisiertes Verfahren gemäß den von der zuständigen Behörde erlassenen Vorschriften, mit dem eine Gruppe von nicht-adoptierbaren Gemeinschaftskatzen gefüttert, registriert und einem Gesundheits- und Populationskontrollprogramm unterzogen wird, das die Aufnahme neuer Tiere kontrolliert.

x) Positivliste der Heimtiere: Liste der Tiere, die als Heimtiere gehalten werden dürfen.

y) "Missbrauch": jede Handlung oder Unterlassung, die einem Tier Schmerzen, Leiden oder Schäden zufügt und seine Gesundheit schädigt oder seinen Tod zur Folge hat, sofern dies nicht gesetzlich geschützt ist

z) Euthanasie: die Tötung eines Tieres nach tierärztliche Beurteilung und Intervention sowie durch schmerzfreie und humane klinische Methoden

DAS SPANISCHE TIERSCHUTZGESETZ VOM 28. MÄRZ 202...

mit dem Ziel, unnötiges Leiden zu verhindern, das aus schweren und anhaltenden, nicht heilbaren Leiden resultiert, wie von Tierärzten bescheinigt.

aa) Zoologische Einrichtung für Heimtiere: genehmigungs- und registrierungspflichtige Einrichtungen, deren Tätigkeit in der vorübergehenden oder dauerhaften Unterbringung von Heimtieren besteht. Ausgenommen von dieser Definition sind tierärztliche Zentren.

bb) Verantwortliche Person: jede natürliche oder juristische Person, die, ohne Eigentümer zu sein, das Tier zeitweise oder ständig betreut, verwahrt oder bevormundet.

cc) Assistenzhund: ein Hund, der nach Bestehen eines Auswahlverfahrens seine Ausbildung in einer spezialisierten Einrichtung absolviert hat und von der zuständigen Behörde offiziell anerkannt oder zugelassen ist, mit dem Erwerb der erforderlichen Fähigkeiten zur Erbringung von Dienstleistungen und Hilfeleistungen für Menschen mit Behinderungen, sowie Warnhunde oder Hunde zur Unterstützung von Menschen mit Autismus-Spektrum-Störungen.

dd) Inhaber: die Person, die als solche in den für die verschiedenen Arten erstellten amtlichen Registern aufgeführt ist

ee) Tierverhaltensforscher: ein Tierarzt oder eine qualifizierte oder zugelassene Person unter seiner/ihrer Aufsicht oder Verantwortung, deren berufliche Tätigkeit sich auf die Ausbildung, Erziehung oder Verhaltensänderung von Tieren bezieht.

ff) Tierschutz: Regeln und Maßnahmen zum Schutz, zur Begünstigung und zur Verteidigung von Tieren.

gg) Dauerhaftes Tierheim: Tierheim oder Zentrum, das für den dauerhaften Aufenthalt von ausgesetzten, beschlagnahmten, freiwillig abgegebenen, geretteten oder unter ähnlichen Umständen aufgefundenen Tieren zugelassen ist und in dem sie bis zu ihrem Tod verbleiben, ohne unter irgendwelchen Umständen verwendet oder verkauft zu werden.

hh) Verantwortungsvolle Haltung: die Gesamtheit der Pflichten und Bedingungen, die die Person, die ein Tier besitzt oder die für es verantwortlich ist, zu erfüllen hat, um den Schutz und das Wohlergehen der Tiere entsprechend ihren ethologischen und physiologischen Bedürfnissen zu gewährleisten.

ii) Anerkannter Verhaltenstierarzt: ein Tierarzt mit einer anerkannten Ausbildung auf dem Gebiet der Tierverhaltenskunde, dessen berufliche Tätigkeit die Vorbeugung, Diagnose und Behandlung von Verhaltensstörungen bei Haustieren umfasst.

jj) Umsiedlung: eine Methode, bei der eine Katzenkolonie unter den in diesem Gesetz festgelegten außergewöhnlichen Bedingungen unter Aufsicht eines Tierarztes und unter Berücksichtigung des Wohlergehens und der Gesundheit der Katzen von einem Standort an einen neuen Standort verlegt wird.

kk) Adoption von Tieren: Übertragung des Eigentums an ausgesetzten, abgegebenen oder beschlagnahmten Tieren, die von einem Tierschutzzentrum oder einer Tierschutzorganisation zugunsten eines

Dritten durchgeführt wird und als solche durch einen entsprechenden Vertrag gemäß den in diesem Gesetz festgelegten Bedingungen formalisiert wird.

TITEL I

FÖRDERUNG DES TIERSCHUTZES

KAPITEL I STAATLICHE LEITUNGS-, KOORDINIERUNGS- UND MITWIRKUNGSORGANE

ARTIKEL 4: FÖRDERUNG DES TIERSCHUTZES

Das zuständige Ministerium ist für die Ausarbeitung und Förderung von Maßnahmen zum Schutz, zum Wohlergehen und zur Verteidigung der Rechte der Tiere auf staatlicher Ebene zuständig, unbeschadet der in der geltenden Gesetzgebung festgelegten Befugnisse der Autonomen Gemeinschaften.

ARTIKEL 5: STAATLICHER RAT FÜR TIERSCHUTZ

1. Der Staatliche Rat für Tierschutz wird als Kollegialorgan mit interministeriellem und interterritorialem Charakter sowie mit beratendem und kooperativem Charakter im Bereich des Schutzes, der Rechte und des Wohlergehens der unter dieses Gesetz fallenden Tiere geschaffen, der der zuständigen Ministerialabteilung zugeordnet ist.

2. Der Rat wird von einer Person des zuständigen Ministeriums im Rang eines Generaldirektors geleitet und setzt sich aus Vertretern der Ministerien, der autonomen Gemeinschaften und der Städte Ceuta und Melilla zusammen, die direkt oder indirekt Zuständigkeiten im Zusammenhang mit Tieren oder der Umwelt, in der sie leben, ausüben, sowie aus Vertretern der lokalen Gebietskörperschaften über den spanischen Gemeinde- und Provinzialverband. Seine spezifische Zusammensetzung wird nach Anhörung der Autonomen Gemeinschaften und der Städte Ceuta und Melilla durch Verordnung festgelegt, wobei in jedem Fall die Beteiligung der repräsentativsten Berufs- und Tierschutzorganisationen, einschließlich Biologen und Tierärzte, gewährleistet ist.

3. Seine Aufgaben, die durch eine Verordnung festgelegt werden, umfassen in jedem Fall:

a) Bewertung und Überwachung des Fortschritts im Bereich des Schutzes, der Rechte und des Wohlergehens der Tiere in Zusammenarbeit mit den Autonomen Gemeinschaften und den Städten Ceuta und Melilla und unter Wahrung ihrer Befugnisse bei der Erstellung von Statistiken und Bewertungsberichten über die in diesem Gesetz vorgesehenen Maßnahmen.

b) Ausarbeitung allgemeiner Arbeitskriterien für die Anwendung des vorliegenden Gesetzes sowie Förderung der notwendigen Aktivitäten, insbesondere im Kampf gegen das Aussetzen und die verantwortungsvolle Haltung.

c) Alle anderen Initiativen, die sich innerhalb des Rates im Zusammenhang mit dem Anwendungsbereich dieses Gesetzes ergeben.

ARTIKEL 6: WISSENSCHAFTLICH TECHNISCHER AUSSCHUSS FÜR DEN SCHUTZ UND DIE RECHTE DER TIERE

1. Der Wissenschaftlich-technische Ausschuss für den Schutz und die Rechte der Tiere wird als kollegiales Beratungs- und Konsultationsgremium eingesetzt, das dem staatlichen Rat für Tierschutz untersteht.

2. Den Vorsitz des Ausschusses führt eine Person aus dem Ministerium für soziale Rechte und Agenda 2030 im Rang eines Generaldirektors. Dem Ausschuss gehören ein Vertreter des Ministeriums für Landwirtschaft, Fischerei und Ernährung, ein Vertreter des Ministeriums für den ökologischen Wandel und die demografische Herausforderung und ein Vertreter des Gesundheitsministeriums an, alle im Rang eines Generaldirektors.

3. Darüber hinaus kann der Ausschuss auf die Mitarbeit anderer Fachleute aus den wissenschaftlichen und beruflichen Bereichen, die mit den Tieren, die Gegenstand dieses Gesetzes sind, in Verbindung stehen, zurückgreifen.

4. Seine Hauptaufgaben sind:

a) Beratung des Staatlichen Tierschutzrates in allen Fragen, zu denen er konsultiert wird.

b) Er entscheidet über Anträge auf Aufnahme, Ausschluss oder Änderung der Positivliste für Haustiere gemäß Titel II Kapitel V.

c) Unterbreitung von Vorschlägen an den Staatlichen Rat für Tierschutz, die als notwendig erachtet werden, um den Schutz und das Wohlergehen der Tiere im Geltungsbereich dieses Gesetzes zu verbessern.

5. Der Ausschuss tritt mindestens einmal jährlich zusammen, um wissenschaftliche und technische Fortschritte im Zusammenhang mit dem Inhalt dieses Gesetzes zu überprüfen.

6. Die Arbeitsweise sowie die Teilnahme anderer Fachleute am wissenschaftlich-technischen Ausschuss werden durch Verordnung festgelegt.

ARTIKEL 7: AUSGEWOGENE PRÄSENZ VON FRAUEN UND MÄNNERN

Die Zusammensetzung und die Arbeitsweise der in diesem Kapitel vorgesehenen Gremien werden durch Verordnung festgelegt, wobei in allen Fällen der Grundsatz der ausgewogenen Vertretung von Frauen und Männern gilt, es sei denn, es liegen hinreichend begründete und objektive abweichende Erfordernisse vor

ARTIKEL 8: KEINE ERHÖHUNG DER AUSGABEN

Die Tätigkeit dieser Einrichtungen wird mit den personellen, technischen und budgetären Mitteln gewährleistet, die der entsprechenden ministeriellen Abteilung zugewiesen sind.

KAPITEL II ZENTRALES TIERSCHUTZ AUFZEICHNUNGSSYSTEM

ARTIKEL 9: EINRICHTUNG DES ZENTRALEN SYSTEMS DER TIERSCHUTZREGISTER

1. Es wird ein zentrales System von Tierschutzregistern geschaffen, das dem entsprechenden Ministerium zugeordnet ist. Das Ziel dieses Systems von Registern ist die Koordinierung zwischen den verschiedenen Registern, die von den Autonomen Gemeinschaften geführt werden.

2. Dieses System besteht aus dem Register der Tierschutzorganisationen, dem Register der Fachleute für Tierverhalten, dem Register der Heimtiere, dem Register der zoologischen Zentren für Heimtiere und dem Register der Heimtierzüchter.

3. Die Autonomen Gemeinschaften nehmen in Ausübung ihrer Befugnisse in jedes Register die in ihren Informationssystemen gesammelten Informationen auf, die sie mit den durch Verordnung festgelegten Informationen erstellen oder aktualisieren und die sich auf die Erreichung des jeweils verfolgten Zwecks beschränken, und zwar in Übereinstimmung mit den von der entsprechenden Ministerialabteilung festgelegten Interoperabilitätskriterien. Das Register wird durch ein interoperables System gemäß dem Gesetz 40/2015 vom 1. Oktober über das Rechtssystem des öffentlichen Sektors umgesetzt, und die Autonomen Gemeinschaften können bei der Ausübung ihrer Befugnisse darauf zugreifen.

ARTIKEL 10: ART DES SYSTEMS DES ZENTRALEN TIERSCHUTZREGISTERS

1. Das Zentrale Tierschutzregister ist ein einheitliches Informationssystem, dessen Hauptziel darin besteht, die verschiedenen öffentlichen Verwaltungen bei der Ausübung ihrer Zuständigkeiten im Bereich des Tierschutzes und der Tierrechte zu unterstützen.

2. Sein Geltungsbereich erstreckt sich auf das gesamte spanische Hoheitsgebiet, unbeschadet der Bestimmungen der von Spanien unterzeichneten internationalen Verträge in diesem Bereich.

3. Die wichtigste Rechtsgrundlage für die Verarbeitung ist gemäß Ziel und Zweck dieses Gesetzes die Erfüllung des im öffentlichen Interesse liegenden Auftrags, den Schutz und die Gewährleistung des Tierschutzes gemäß Artikel 6 Absatz 1 Buchstabe e der Verordnung (EU) 2016/679 des Europäischen Parlaments und des Rates vom 27. April 2016 zum Schutz natürlicher Personen bei der Verarbeitung personenbezogener Daten und zum freien Datenverkehr sicherzustellen.

4. Personenbezogene Daten, die für die in diesem Gesetz vorgesehenen Zwecke des öffentlichen Interesses verarbeitet werden, sind alle Daten, die zur Gewährleistung des Schutzes und der Garantie des Tierschutzes unerlässlich sind. Diese Daten dürfen nicht in einer Weise weiterverarbeitet werden, die mit diesen Zwecken unvereinbar ist.

5. Die entsprechenden Ministerien und die Autonomen Gemeinschaften sind für die Verarbeitung der in den Registern enthaltenen Daten im Rahmen ihrer jeweiligen Zuständigkeiten verantwortlich.

6. Der Zweck dieses Systems, das die in den nachstehend aufgeführten Registern enthaltenen Informationen umfasst, ist in jedem Fall

a) Register der Tierschutzorganisationen: Eintragung von Vereinigungen oder Stiftungen, die aufgrund ihrer Satzung berechtigt sind, eine Tätigkeit auszuüben, die den Schutz von Tieren zum Ziel hat.

Zweck dieses Registers ist es, Informationen über die Einrichtungen zu erhalten, die auf dem gesamten Staatsgebiet Tätigkeiten im Zusammenhang mit dem Schutz und dem Wohlergehen von Tieren ausüben, um die Adoption von Haustieren mit größtmöglicher Sicherheit zu erleichtern, die Zahl der zur Adoption freigegebenen Tiere, den Sättigungsgrad der

DAS SPANISCHE TIERSCHUTZGESETZ VOM 28. MÄRZ 202...

Schutzeinrichtungen sowie ihre geografische Verteilung zu kennen und zuverlässige Daten über die Aussetzung von Tieren und den Zustand von Katzenkolonien zu erhalten, um letztendlich die erforderlichen Schutzmaßnahmen zu ergreifen.

Zu diesem Zweck wird dieses Register den Namen der Organisation, den Firmennamen und die Postanschrift sowie die Identifikationsdaten der natürlichen Person, die die Organisation vertritt, enthalten.

b) Register der Fachleute für Tierverhalten: Eintragung aller Personen, die eine berufliche Tätigkeit ausüben, die auf die Erziehung, das Training, die Verhaltensänderung oder ähnliches von Tieren, die in den Anwendungsbereich dieses Gesetzes fallen, abzielt, Personen mit einem Abschluss in Tiermedizin mit anerkannter Ausbildung in Tierverhalten, Personen mit einem Universitätsabschluss oder einem Abschluss mit Zusatzausbildung in Ethologie und Personen, die mindestens das Zertifikat für Professionalität der Grundausbildung und Hundeerziehung (SEAD0412) besitzen, das die berufliche Qualifikation SEA531_2 Grundausbildung und Hundeerziehung, die im Nationalen Katalog der beruflichen Qualifikationen enthalten ist, in den entsprechenden Kategorien eingetragen, unbeschadet anderer, die durch Verordnung entwickelt werden können.

Zweck dieses Registers ist es, die an diesen Tätigkeiten beteiligten Fachleute zu erfassen, um schlechte Praktiken, die sich auf die Gesundheit der Tiere auswirken, oder die Anwendung von nicht zugelassenen Ausbildungsmethoden zu vermeiden. Zu diesem Zweck werden in diesem Register die Personalien sowie die akademischen und beruflichen Daten der Antragsteller erfasst, um ihre Qualifikationen zu überprüfen.

Um in dieses Register aufgenommen zu werden, muss die Qualifikation, die zur Ausübung dieser Tätigkeiten befähigt, in einer noch festzulegenden Weise nachgewiesen werden.

c) Heimtierregister: Registrierung aller Heimtiere, die gemäß den Bestimmungen dieses Gesetzes oder den Rechtsvorschriften der autonomen Gemeinschaften und Städte von Ceuta und Melilla über ein obligatorisches Kennzeichnungssystem verfügen, sowie der Identität ihrer Besitzer oder der für sie verantwortlichen Personen.

Ziel dieses Registers ist es, die Identifizierung und Rückverfolgbarkeit jedes Tieres zu erleichtern, das irgendwo im nationalen Hoheitsgebiet ausgesetzt wurde, unabhängig von der autonomen Gemeinschaft oder der autonomen Stadt, in der es registriert wurde.

Zu diesem Zweck wird dieses Register die Identifikations- und Gesundheitsdaten des Tieres enthalten, wenn das Tier für Tätigkeiten genutzt wird, die mit menschlichen Aktivitäten verbunden sind, wie z.B. die Jagd, die Nutzung durch die Sicherheitskräfte oder das Weiden / Hüten, zusammen mit den Identifikationsdaten des Besitzers oder der verantwortlichen Person.

d) Register der zoologischen Einrichtungen: die Registrierung der zoologischen Einrichtungen im Sinne dieses Gesetzes.

Zweck dieses Registers ist es, die Einrichtungen zu erfassen, die dauerhaft oder vorübergehend Heimtiere halten.

Zu diesem Zweck enthält dieses Register die Angaben zur Identifizierung des Eigentümers der Einrichtung.

e) Register der Haustierzüchter: Registrierung der Personen, die für die Zucht von Haustieren verantwortlich sind.

Zweck dieses Registers ist es, ein Verzeichnis der Personen zu führen, die sich der Zucht von Haustieren unter den in diesem Gesetz festgelegten Bedingungen widmen, sowohl für die gewerbliche Zucht als auch für die gelegentliche Zucht oder andere, die durch Vorschriften entwickelt werden können. Zu diesem Zweck wird dieses Register die Identifikationsdaten des Züchters und der Zuchttiere enthalten.

7. Die natürlichen Personen, deren personenbezogene Daten in diesen Registern gespeichert sind, werden nach Maßgabe der geltenden Vorschriften über den Schutz personenbezogener Daten unterrichtet.

8. Die Eintragung in diese Register erfolgt von Amts wegen auf der Grundlage der von den Betroffenen vorgelegten Verantwortungserklärungen. Diese Verantwortungserklärungen ermöglichen die Aufnahme der Tätigkeit ab dem Zeitpunkt ihrer Vorlage, unbeschadet der den öffentlichen Verwaltungen zustehenden Überprüfungs-, Kontroll- und Inspektionsbefugnisse.

9. Die Verarbeitung der in den Registern des Systems enthaltenen Informationen sowie die Bedingungen für den Zugang zu diesen Informationen werden durch Verordnungen geregelt.

ARTIKEL 11: VERBOT DER AUSÜBUNG EINES BERUFS, GEWERBES ODER HANDELS IM ZUSAMMENHANG MIT TIEREN SOWIE DER HALTUNG VON TIEREN

Eine wesentliche Voraussetzung für die Eintragung in das Zentrale Tierschutzregistersystem ist, dass kein strafrechtliches oder verwaltungsrechtliches Verbot der Ausübung eines Berufs, Gewerbes oder Geschäfts im Zusammenhang mit Tieren sowie der Haltung von Tieren vorliegt. Das Verfahren, mit dem die Einhaltung dieser Bedingung zum Zeitpunkt der Beantragung der Eintragung in eines der zum System gehörenden Register bestätigt wird, sowie das Verfahren für die Übermittlung von Daten zwischen den öffentlichen Verwaltungen werden in einer Verordnung festgelegt.

ARTIKEL 12: DATENSCHUTZ

1. Im Einklang mit den Bestimmungen der Verordnung (EU) 2016/679 des Europäischen Parlaments und des Rates vom 27. April 2016 zum Schutz natürlicher Personen bei der Verarbeitung personenbezogener Daten und zum freien Datenverkehr und dem Organgesetz 3/2018 vom 5. Dezember über den Schutz personenbezogener Daten und die Gewährleistung digitaler Rechte wendet die zuständige Ministerialabteilung als Verantwortliche für die Verwaltung des Zentralen Registrierungssystems für den Tierschutz die geeigneten technischen und organisatorischen Maßnahmen an, um gemäß den Bestimmungen von Artikel 24 der Datenschutzverordnung ein dem Risiko angemessenes Sicherheitsniveau zu gewährleisten, und stützt sich zu diesem Zweck auf das Nationale Sicherheitssystem gemäß Artikel 3 des Königlichen Erlasses 311/2022 vom 3. Mai, der das Nationale Sicherheitssystem regelt, wobei die aufgrund der vorgenannten Risikoanalyse umzusetzenden Maßnahmen Vorrang haben.

2. Die betroffenen Personen haben in Bezug auf ihre personenbezogenen Daten alle Rechte, die ihnen sowohl durch die Allgemeine Datenschutzverordnung (Verordnung (EU) 2016/679 des Europäischen Parlaments und des Rates vom 27. April 2016 zum Schutz natürlicher Personen bei der Verarbeitung personenbezogener Daten, zum freien Datenverkehr und zur Aufhebung der Richtlinie 95/46/EG) als auch durch das Organgesetz 3/2018 vom 5. Dezember zustehen.

3. In jedem Fall sind die erhobenen Daten gemäß dem Grundsatz der Datenminimierung auf die Daten zu beschränken, die für die Erfüllung der in jedem der in Artikel 10 genannten Register beschriebenen Zwecke erforderlich sind.

KAPITEL III
TIERSCHUTZSTATISTIKEN

ARTIKEL 13: GEGENSTAND DER TIERSCHUTZSTATISTIK

Die zuständige Ministerialabteilung koordiniert mit den anderen zuständigen Stellen der Allgemeinen Staatsverwaltung, den Autonomen Gemeinschaften, den Städten Ceuta und Melilla und den lokalen Körperschaften die Erstellung der Tierschutzstatistiken, um den Stand des Tierschutzes in der spanischen Gesellschaft insgesamt zu ermitteln und Entscheidungen zu seiner Bewertung und Verbesserung zu treffen.

ARTIKEL 14: INHALT DER TIERSCHUTZSTATISTIK

1. Die Tierschutzstatistik umfaßt mindestens Daten und Statistiken aus:

a) Zentralsystem der Tierschutzregister und gegebenenfalls andere Dateien und Register, die von den an der Anwendung dieses Gesetzes beteiligten Ministerien geführt werden.

b) Positivliste der Haustiere.

c) Die Autonomen Gemeinschaften, die Städte Ceuta und Melilla und die lokalen Körperschaften im Rahmen ihrer Zuständigkeiten für den Tierschutz und das Wohlergehen der Tiere.

d) Organisationen, die in das Register der Tierschutzorganisationen eingetragen sind.

e) Offizielle tierärztliche Vereinigungen.

f) Koordinierende Staatsanwaltschaft für Umwelt und Städtebau.

g) Nationales System der Kriminalitätsstatistik.

2. Die für den Tierschutz und das Wohlergehen der Tiere zuständigen Stellen in den Autonomen Gemeinschaften, den Städten Ceuta und Melilla und den anderen öffentlichen Verwaltungen stellen der zuständigen Ministerialabteilung die Informationen über den Tierschutz in ihrem Zuständigkeitsbereich zur Verfügung, die erforderlich sind, um die Tierschutzstatistiken zu erstellen und den Anfragen internationaler Organisationen nach statistischen Informationen nachzukommen sowie den Bürgern den Zugang zu diesen Informationen zu erleichtern. Um diesen Verpflichtungen nachzukommen, muss sich die zuständige Ministerialabteilung mit dem Nationalen Institut für Statistik abstimmen.

ARTIKEL 15: VERÖFFENTLICHUNG VON TIERSCHUTZSTATISTIKEN

1. Die zuständige Ministerialabteilung erstellt und veröffentlicht die in den Tierschutzstatistiken enthaltenen Informationen und stellt sie den Autonomen Gemeinschaften, den Städten Ceuta und Melilla sowie den lokalen Körperschaften, den zugelassenen Tierschutzeinrichtungen und anderen interessierten Akteuren zur Verfügung, damit diese im Rahmen ihrer jeweiligen Zuständigkeiten öffentliche Maßnahmen zur Verbesserung der Lebensqualität der Tiere ergreifen können.

2. Ebenso erstellt die zuständige Ministerialabteilung in der durch Verordnung festzulegenden Regelmäßigkeit einen Bericht über den Stand und die Entwicklung des Tierschutzes und der Tierrechte, der eine Bewertung der Ergebnisse der wichtigsten in diesem Bereich getroffenen Maßnahmen enthält. Dieser Bericht wird dem Staatlichen Rat für Tierschutz vor seiner Veröffentlichung vorgelegt.

3. Die wichtigsten Indikatoren werden gegebenenfalls gemäß den für die Erstellung dieses Plans festgelegten Regeln in Abstimmung mit dem Nationalen Institut für Statistik in den Nationalen Statistikplan aufgenommen, damit sie den Stand des Tierschutzes für die Gesellschaft als Ganzes aufzeigen und bei der Entscheidungsfindung berücksichtigt werden können. Diese Indikatoren werden durch eine Verordnung entwickelt.

KAPITEL IV PLANUNG DER ÖFFENTLICHEN POLITIK IM BEREICH TIERSCHUTZ

ARTIKEL 16: STAATLICHER TIERSCHUTZPLAN

1. Der staatliche Tierschutzplan stellt im Rahmen der Zuständigkeiten des Staates und unbeschadet der Zuständigkeiten der Autonomen Gemeinschaften ein grundlegendes Planungsinstrument für die Festlegung und Definition von Zielen, Maßnahmen und Kriterien dar, die darauf abzielen, den Missbrauch von Tieren in all seinen Formen aus unserer Gesellschaft auszumerzen und das koordinierte Vorgehen der öffentlichen Verwaltungen bei der Annahme von Maßnahmen zur Förderung des Tierschutzes voran zu bringen.

2. Der staatliche Plan für den Tierschutz wird mindestens Folgendes umfassen

a) Eine Analyse der Situation der Heimtiere und der Tierschutzzentren.

b) Quantitative und qualitative Ziele, die während der Geltungsdauer des Programms erreicht werden sollen.

c) Maßnahmen zur Bekämpfung des Missbrauchs und der Aussetzung von Tieren, einschließlich einer Analyse der Situation des Missbrauchs und der Aussetzung von Tieren in Spanien, der Ziele, die während der Geltungsdauer des Programms erreicht werden sollen, und der spezifischen Maßnahmen, die zur Erreichung der gesetzten Ziele zu ergreifen sind.

d) Die erforderlichen Haushaltsvoranschläge für seine Durchführung im Rahmen der verfügbaren Haushaltsmittel.

e) Weitere Maßnahmen, die von der Allgemeinen Staatsverwaltung durchzuführen sind.

ARTIKEL 17: AUSARBEITUNG UND GENEHMIGUNG DES STAATLICHEN TIERSCHUTZPLANS

1. Die zuständige Ministerialabteilung erstellt in Zusammenarbeit mit dem Ministerium für den ökologischen Wandel und die demografische Herausforderung hinsichtlich der Erhaltung der biologischen Vielfalt und mit dem Ministerium für Landwirtschaft, Fischerei und Ernährung hinsichtlich der Tiergesundheit sowie des Wohlbefindens und des Schutzes der Nutztiere den staatlichen Tierschutzplan.

2. Das Verfahren zur Erstellung des Plans umfasst Verfahren zur Unterrichtung der Öffentlichkeit und zur Anhörung der wirtschaftlichen und sozialen Akteure, der betroffenen öffentlichen Verwaltungen und der Organisationen ohne Erwerbszweck, die sich um die Verwirklichung der Ziele dieses Gesetzes bemühen.

3. Der staatliche Tierschutzplan wird alle drei Jahre erstellt und vom Ministerrat nach einem Bericht des wissenschaftlich-technischen Ausschusses für den Schutz und die Rechte der Tiere und einem Bericht des Staatlichen Rates für Tierschutz gebilligt, um einen Konsens darüber zu erreichen.

ARTIKEL 18: TERRITORIALE TIERSCHUTZPROGRAMME

1. Die öffentlichen Verwaltungen genehmigen in ihrem jeweiligen Zuständigkeitsbereich ihre jeweiligen territorialen Tierschutzprogramme.

2. Die territorialen Tierschutzprogramme umfassen Maßnahmen zur Beseitigung von Tiermisshandlungen und zur Verringerung des Aussetzens von Heimtieren.

Sie müssen zumindest die folgenden Aspekte berücksichtigen:

a) Verbreitung von öffentlichen Kampagnen zur Förderung der Sterilisation, der Krankheitsvorbeugung und der Tierkennzeichnung.

b) Sensibilisierung der Öffentlichkeit, insbesondere der für Tiere verantwortlichen Personen, für den Respekt vor Tieren und gegen ihre Aussetzung oder Misshandlung.

c) Förderung der Adoption von Haustieren.

d) Durchführung von Programmen zur Verwaltung von Katzenkolonien.

e) Entwicklung von Erziehungs-, Ausbildungs- und Sensibilisierungsmaßnahmen gegen Tiermissbrauch und Aussetzen von Tieren.

f) Entwicklung von Programmen zur Identifizierung und Kontrolle der zugelassenen Zucht.

3. Territoriale Tierschutzprogramme können eigenständig genehmigt oder in andere Sozial- oder Umweltpläne und -programme integriert werden. Werden territoriale Tierschutzprogramme in andere Pläne und Programme integriert, so sind die Tierschutzmaßnahmen und der Zeitplan für ihre Durchführung deutlich voneinander abzugrenzen.

4. Um die Fortschritte bei der Durchführung der Tierschutzmaßnahmen zu überwachen und zu bewerten, legen die zuständigen Verwaltungen die Instrumente für eine regelmäßige Bewertung der erzielten Fortschritte und der Wirksamkeit der getroffenen Maßnahmen fest und bestimmen spezifische qualitative und quantitative Ziele und Indikatoren.

5. Die territorialen Tierschutzprogramme und die Ergebnisse ihrer Bewertung sind zu veröffentlichen.

6. Der Betrag der Geldstrafen, die für die Begehung von in diesem Gesetz vorgesehenen Verstößen verhängt werden können, wird vorzugsweise

für die Durchführung der Maßnahmen verwendet, die in den jeweiligen in diesem Artikel vorgesehenen territorialen Tierschutzprogrammen vorgesehen sind.

KAPITEL V FÖRDERUNG DES TIERSCHUTZES UND BEREITSTELLUNG VON MITTELN

ARTIKEL 19: FÖRDERUNG DES TIERSCHUTZES UND BEREITSTELLUNG VON MITTELN

1. Die für die Durchführung dieses Gesetzes zuständige Ministerialabteilung hat folgende Aufgaben

a) Durch geeignete Anreize die Investitionen, die Verwaltung und die Organisation des Tierschutzes zu fördern, insbesondere die Ausarbeitung von Plänen, Instrumenten und Projekten für die Verwaltung von Tierschutzzentren.

b) Entwicklung anderer Maßnahmen und Schaffung anderer zusätzlicher Instrumente, die zur Verteidigung der Rechte von Haustieren beitragen.

c) Mitwirkung an der Durchführung der in den territorialen Tierschutzprogrammen vorgesehenen Maßnahmen.

d) Förderung von Investitionen in die Einführung von Tierschutzmaßnahmen durch geeignete Anreize.

e) Förderung der Umsetzung von Modellen zur nachhaltigen Bewirtschaftung von Katzenkolonien.

f) Förderung und Unterstützung von Initiativen und Studien zum Tierschutz durch Aufklärung und soziale Sensibilisierung.

g) Finanzierung und Entwicklung spezifischer Maßnahmen im Zusammenhang mit dem Tierschutz.

2. Zu diesem Zweck verfügt sie über eine Ausstattung, die sich zusammensetzt aus:

a) den jährlich im allgemeinen Staatshaushalt bewilligten Beträgen.

b) etwaige andere Finanzierungsquellen, die eingerichtet werden können.

3. Die folgenden Einrichtungen, Institutionen und juristischen Personen können Empfänger und Begünstigte der im vorstehenden Abschnitt genannten Mittel sein:

a) Die Autonomen Gemeinschaften, die Städte Ceuta und Melilla und die lokalen Körperschaften.

b) Nichtregierungsorganisationen oder private Einrichtungen ohne Erwerbscharakter, deren Arbeit ganz oder teilweise im Bereich des

Tierschutzes durchgeführt wird.

c) Sicherheitskräfte und Einrichtungen mit Zuständigkeiten im Bereich des Tierschutzes.

d) Forscher oder Forschungsgruppen des Universitätssystems, die an relevanten Themen zur Förderung des Tierschutzes und des Tierwohls arbeiten.

4. Der Leiter der zuständigen Ministerialabteilung ist dafür verantwortlich, jährlich die Kriterien für die Verteilung der oben genannten Haushaltsmittel zu genehmigen.

KAPITEL VI ZUSAMMENARBEIT ZWISCHEN ÖFFENTLICHEN VERWALTUNGEN

ARTIKEL 20: INSTITUTIONELLE ZUSAMMENARBEIT

1. Die zwischen den öffentlichen Einrichtungen übermittelten Informationen über Beschwerden, Verfahren und Entschließungen im Zusammenhang mit den Bestimmungen von Absatz 1 dieses Artikels werden in die Tierschutzstatistik aufgenommen.

2. Sowohl der Naturschutzdienst der Guardia Civil als auch die zuständigen Stellen des Nationalen Polizeikorps, der regionalen Polizeikräfte und der lokalen Polizeikräfte sowie die Forstbeamten und die Umweltbeauftragten führen in ihrem jeweiligen Zuständigkeitsbereich so viele Aktionen im Zusammenhang mit der Kontrolle, der Inspektion und anderen in diesem Gesetz vorgesehenen Maßnahmen durch, wie erforderlich sind, unbeschadet der den Autonomen Gemeinschaften und den Städten Ceuta und Melilla zugewiesenen Zuständigkeiten.

3. Die zuständige Ministerialabteilung fördert unter Beachtung der durch die geltende Gesetzgebung festgelegten Zuständigkeiten die Ausarbeitung von Vereinbarungen mit anderen öffentlichen Verwaltungen, die darauf abzielen, die Gesellschaft gegen jede Form von Tiermisshandlung zu sensibilisieren, insbesondere in den folgenden Bereichen

a) Schulung und Sensibilisierung des Personals der verschiedenen öffentlichen Verwaltungen, die Aufgaben im Zusammenhang mit dem Schutz und den Rechten von Tieren wahrnehmen.

b) Organisation von Schulungsprogrammen für Personen, die wegen eines Vergehens oder einer Straftat im Zusammenhang mit dem Schutz von Haustieren und wild lebenden Tieren bestraft oder verurteilt wurden.

c) Erziehung von Minderjährigen zu Werten im Zusammenhang mit der Pflege und dem Schutz von Tieren.

d) Aufklärung von Besitzern oder künftigen Besitzern von Heimtieren über die verantwortungsvolle Haltung von Tieren.

KAPITEL VII PROTOKOLLE IN NOTSITUATIONEN

ARTIKEL 21. PLÄNE FÜR DEN KATASTROPHENSCHUTZ.

Die Katastrophenschutzpläne müssen Maßnahmen zum Schutz von Tieren enthalten, die den Bestimmungen dieses Gesetzes entsprechen.

KAPITEL VIII ÖFFENTLICHE TIERSCHUTZZENTREN

ARTIKEL 22 SAMMLUNG UND PFLEGE VON TIEREN.

1. Die Gemeinden sind für das Einsammeln herrenloser und ausgesetzter Tiere und deren Unterbringung in einem Tierschutzzentrum zuständig. Zu diesem Zweck verfügen sie über einen Notdienst für die Sammlung und tierärztliche Versorgung dieser Tiere, der rund um die Uhr zur Verfügung steht. Diese Aufgaben können direkt von den zuständigen kommunalen Diensten oder von privaten Einrichtungen durchgeführt werden, unbeschadet der Tatsache, dass sie, wann immer möglich, in Zusammenarbeit mit Tierschutzeinrichtungen durchgeführt werden kann.

Nach Maßgabe der regionalen Gesetzgebung kann diese Zuständigkeit auf Gemeindeverbände oder gegebenenfalls auf Provinzial- und Provinzräte, Inselräte und -verwaltungen oder auf die autonomen Gemeinschaften und Städte Ceuta und Melilla übertragen werden.

2. Zur Durchführung dieser Verwaltung und Betreuung müssen die Gemeinden über einen eigenen, gemeinsamen oder konzertierten Dienst nach Maßgabe des Artikels 23 verfügen.

3. Städte, die nicht über eigene Mittel verfügen, um ihre Zuständigkeit für die Abholung und Unterbringung von Tieren auszuüben, können Kooperationsvereinbarungen mit gemeinsamen Zentren, die anderen Verwaltungen angehören, oder mit beauftragten Zentren unterzeichnen, die die in diesem Gesetz festgelegten Mindestbedingungen erfüllen müssen. In diesem Fall steht für die Unterbringung der Tiere bis zu ihrer Abholung durch die entsprechende Dienststelle eine vorübergehende städtische Einrichtung zur Verfügung, die den Anforderungen an Platz, Sicherheit und Bedingungen für das Wohlergehen der vorübergehend untergebrachten Tiere entspricht.

4. In Ermangelung einer anderen Bestimmung in der regionalen Gesetzgebung ist die lokale Verwaltung und subsidiär die regionale Verwaltung für die Verwaltung und Pflege von obdachlosen Tieren oder von Tieren, deren Besitzer aufgrund von Gefährdungssituationen nicht in der Lage sind, für sie zu sorgen, zuständig, unbeschadet der Zusammenarbeit mit ordnungsgemäß registrierten Tierschutzorganisationen.

5. Die lokalen Gebietskörperschaften räumen der nicht-tödlichen Populationskontrolle der städtischen Fauna in ihren Tierschutz-Aktionsplänen Vorrang ein und gewährleisten die Rechte der Tiere.

ARTIKEL 23: PFLICHTEN DER ÖFFENTLICHEN TIERSCHUTZZENTREN

1. Die öffentlichen Tierschutzzentren sind verpflichtet:

a) im Falle von Hunden, Katzen und Frettchen das Tier vor seiner Abgabe zur Adoption zu sterilisieren oder eine Sterilisations- bzw. Nichtvermehrungsverpflichtung zu fordern, wenn sie nicht alt genug oder nicht in der Lage sind, den Eingriff nach tierärztlichen Kriterien durchzuführen. Sie sind auch verpflichtet, Tiere anderer Arten zu sterilisieren, sofern dies nach tierärztlichen Kriterien durchführbar ist.

b) Sie müssen die veterinärmedizinischen Mindestanforderungen für die Abgabe der Tiere und die entsprechenden Mindestbehandlungen einhalten, die durch Verordnung festgelegt werden.

c) Sie geben die Tiere mit einem Adoptionsvertrag und einer Kennzeichnung gemäß den geltenden Vorschriften ab.

d) Gewährleistung eines angemessenen Wohlbefindens und hygienisch-sanitärer Bedingungen für die untergebrachten Tiere, angemesser Räumlichkeiten, Sicherheitsmaßnahmen, Ausbildung des Personals, Tierregistrierung und tierärztliche Versorgung.

e) Sie müssen über die entsprechende Genehmigung oder Lizenz verfügen, um ein rechtmäßig eingerichtetes Tierschutzzentren zu bilden.

f) Durchführung von Freiwilligenprogrammen und/oder Zusammenarbeit mit Tierschutzorganisationen in Übereinstimmung mit den geltenden Rechtsvorschriften über Freiwilligenarbeit und Vereinswesen.

g) Teilnahme an den in Artikel 18 vorgesehenen Sensibilisierungsprogrammen.

h) Förderung der verantwortungsvollen Adoption von Tieren.

i) Bereitstellung geeigneter Flächen für die Unterbringung von Gemeinschaftskatzen, die aufgrund außergewöhnlicher Umstände nicht an ihren ursprünglichen Standort zurückgebracht werden konnten. Die Merkmale dieser Räume und die Bedingungen für die Ausnahmesituation werden in einer Verordnung festgelegt.

j) Identifizierung und Registrierung aller Tiere, die ohne Kennzeichnung eingeliefert werden, zum Zeitpunkt ihrer Aufnahme in das Zentrum.

k) Überwachung der zur Adoption oder Pflege abgegebenen Tiere, wobei zu kontrollieren ist, ob die Bedingungen für das Wohlergehen und die hygienischen und sanitären Bedingungen der Tiere erfüllt sind.

l) Einen ganztägig verfügbaren Tierabholdienst zu haben.

2. Unbeschadet der in Titel VI vorgesehenen Sanktionen sind die öffentlichen Tierschutzzentren für die Nichteinhaltung der Bestimmungen des Artikels 27 Buchstabe a) unmittelbar verantwortlich.

3. Die öffentlichen Tierschutzzentren oder die Zentren, die Vereinbarungen mit öffentlichen Verwaltungen geschlossen haben, sind verpflichtet, im Rahmen der Kapazität des jeweiligen Zentrums die Tiere unterzubringen und zu pflegen, für die die zuständige Behörde für Tiergesundheit oder öffentliche Gesundheit eine obligatorische Quarantäne angeordnet hat.

TITEL II
VERANTWORTUNGSVOLLE HALTUNG UND ZUSAMMENLEBEN MIT TIEREN

KAPITEL I GEMEINSAME BESTIMMUNGEN

ARTIKEL 24 ALLGEMEINE PFLICHTEN IN BEZUG AUF HAUSTIERE UND WILD LEBENDE TIERE IN GEFANGENSCHAFT

1. Alle Personen sind verpflichtet, Tiere entsprechend ihrer Eigenschaft als fühlende Wesen zu behandeln.

2. Insbesondere haben ihre Halter oder die für sie verantwortlichen Personen in Bezug auf die in den Anwendungsbereich dieses Gesetzes fallenden Tiere folgende Pflichten zu beachten:

a) Sie müssen die Tiere unter würdigen Lebensbedingungen halten, die ihr Wohlergehen, ihre Rechte und ihre gesunde Entwicklung gewährleisten. Im Falle von Tieren, die aufgrund ihrer Eigenschaften und ihrer Art dauerhaft in Käfigen, Aquarien, Terrarien und dergleichen leben, müssen sie über angemessene Räume in Bezug auf Größe, natürliche Lebensbedingungen und Umwelterfordernisse für ihre Haltung verfügen. Die Bedingungen für die einzelnen Arten werden in einer Verordnung festgelegt.

b) Das Tier muss so erzogen und behandelt werden, dass es weder leidet, noch misshandelt wird, noch Angstzustände bekommt.

c) Die Tiere sind angemessen zu beaufsichtigen und am Entweichen zu hindern.

d) Sie dürfen sie nicht allein in geschlossenen Fahrzeugen lassen, die der Hitze oder anderen Bedingungen ausgesetzt sind, die ihr Leben gefährden könnte.

e) Den Tieren ist die notwendige medizinische Versorgung zukommen zu lassen, um ihre Gesundheit zu gewährleisten, und zwar in jedem Fall die, die nach den jeweiligen Vorschriften vorgeschrieben ist, sowie eine tierärztliche Untersuchung mit der in der Verordnung festgelegten Periodizität, die gegebenenfalls im entsprechenden Kennzeichnungsregister ordnungsgemäß dokumentiert werden muss.

f) Das Tier ist ständig zu lokalisieren und gemäß den geltenden Vorschriften zu kennzeichnen.

g) Der Verlust oder Diebstahl des Tieres ist innerhalb einer Frist von höchstens achtundvierzig Stunden ab dem Zeitpunkt des Verlustes oder Diebstahls der zuständigen Behörde mitzuteilen.

h) Inanspruchnahme der Dienste eines professionellen Tierarztes oder eines auf dem Gebiet des Tierverhaltens tätigen Tierarztes, wenn die Situation des Tieres dies erfordert.

i) Mit den Behörden ist zusammenzuarbeiten, um die Identifizierung der Tiere zu erleichtern, wenn dies erforderlich ist, und den Besitzerwechsel, den Verlust oder den Tod der Tiere mitzuteilen.

j) Generell sind die in diesem und anderen Reglementen festgelegten Pflichten zu erfüllen.

3. Die für ein Tier verantwortliche Person haftet auch für Schäden, Beeinträchtigungen oder Belästigungen, die das Tier ohne Verursachung oder Fahrlässigkeit eines Dritten Personen, anderen Tieren oder Sachen, öffentlichen Straßen und Plätzen sowie der natürlichen Umwelt zufügt, nach Maßgabe der geltenden Rechtsvorschriften.

ARTIKEL 25: ALLGEMEINE VERBOTE IN BEZUG AUF HAUSTIERE UND WILDTIERE IN GEFANGENSCHAFT

Die folgenden Verhaltensweisen oder Handlungen in Bezug auf Haustiere oder Wildtiere in Gefangenschaft sind gänzlich verboten:

a) sie zu misshandeln oder körperlich anzugreifen sowie sie einer nachlässigen Behandlung oder einer Praxis zu unterziehen, die ihnen Leiden, physische oder psychische Schäden zufügen oder ihren Tod verursachen kann.

b) die Anwendung invasiver Methoden und Hilfsmittel, die den Tieren Schaden und Leiden zufügen, unbeschadet tierärztlicher Behandlungen durch zugelassene Tierärzte und anderer in der Verordnung festgelegter Ausnahmen.

c) das absichtliche Aussetzen von Tieren in geschlossenen oder offenen Räumen, insbesondere in der Natur, wo sie später Schäden durch verwilderte oder potenziell invasive gebietsfremde Arten verursachen können.

d) Tiere auf öffentlichen oder privaten Plätzen mit Publikumsverkehr, insbesondere in Nationalparks, Viehweiden oder anderen geschützten Naturgebieten, wo sie Menschen, Vieh oder der natürlichen Umwelt Schaden zufügen können, frei herumlaufen zu lassen oder in einem Zustand, in dem sie Schaden anrichten können.

e) die Verwendung von Tieren bei öffentlichen Vorführungen oder künstlerischen, touristischen oder Werbeaktivitäten, die ihnen Schmerzen oder Leiden zufügen, unbeschadet der Bestimmungen von Titel IV, und auf jeden Fall bei mechanischen Attraktionen oder Karussells sowie die Verwendung von Tieren, die zu wildlebenden Tierarten gehören, in Zirkusvorführungen.

f) sie als Lockmittel zu benutzen. Ohne dass dieses Gebot das Recht von Obdachlosen in Frage stellt, von ihren Haustieren begleitet zu werden.

g) sie in Bezug auf die Eigenschaften und den Gesundheitszustand der Tiere einer unangemessenen oder übermäßigen Arbeit in Bezug auf Zeit oder Intensität auszusetzen.

h) die Haltung, die Zucht und der Handel mit aus der Natur gefangenen Vögeln, sofern die Anforderungen von Abschnitt 1, Buchstabe f), Artikel 61 und 4 des Gesetzes 42/2007 vom 13. Dezember 2007 nicht erfüllt sind.

i) Verfütterung von Eingeweiden, Kadavern und anderen Innereien von Tieren, die nicht den entsprechenden Gesundheitskontrollen gemäß den geltenden sektoralen Vorschriften unterzogen wurden.

j) Verwendung von Tieren als Belohnung, Preis, Tombola oder Werbeaktion.

k) die Verwendung von Tieren zu Werbezwecken, außer zur Ausübung von Tätigkeiten, die mit ihnen in Zusammenhang stehen.

l) die Verwendung von Vorrichtungen, Mechanismen oder Geräten, die dazu bestimmt sind, die Bewegungsfreiheit der Tiere an einem bestimmten Punkt einzuschränken oder zu behindern, es sei denn, es liegt eine tierärztliche Verschreibung vor, die das Wohlbefinden der Tiere berücksichtigt.

m) Verwendung von Tieren für Kämpfe oder ihr Training zur Entwicklung dieser und ähnlicher Praktiken sowie Anstiftung zu Aggressionen gegenüber anderen Tieren oder Menschen außerhalb des Bereichs der geregelten Tätigkeiten.

n) Verwendung von Vorrichtungen, Mechanismen oder Geräten, die dazu bestimmt sind, ihre Bewegungsfreiheit einzuschränken oder zu behindern, es sei denn, es liegt eine tierärztliche Verschreibung im Interesse ihres Wohlergehens vor.

KAPITEL II   HEIMTIERE

ARTIKEL 26: BESONDERE PFLICHTEN IN BEZUG AUF HAUSTIERE

Die Eigentümer oder Personen, die mit Heimtieren leben, haben die Pflicht, diese zu schützen und die Bestimmungen des vorliegenden Gesetzes und der Verordnungen, die es weiterentwickeln, zu befolgen, insbesondere

a) sie in den Familienverband zu integrieren, soweit dies aufgrund ihrer Art möglich ist, und sie in einem guten Gesundheits- und Hygienezustand zu halten.

b) Tiere, die aus Gründen, die mit ihrer Lebensqualität, ihrer Größe oder ihren Artmerkmalen unvereinbar sind, nicht im Familienverband leben können, sind angemessen unterzubringen, und zwar in Räumen, die ihrer Größe entsprechen und sie vor Witterungseinflüssen schützen, und zwar unter guten hygienischen und sanitären Bedingungen, um ihnen ein Umfeld zu bieten, in dem sie ihre Artmerkmale entwickeln und sich fortpflanzen können; im Falle von Herdentieren ist ihnen die Gesellschaft zu bieten, die sie brauchen.

c) die erforderlichen Maßnahmen zu ergreifen, um zu verhindern, dass durch ihre Haltung oder ihren Verkehr Belästigungen, Gefahren, Bedrohungen oder Schäden für Menschen, andere Tiere oder Sachen entstehen.

d) die erforderlichen Maßnahmen zu treffen, um die unkontrollierte Zucht von Heimtieren zu verhindern. Die Zucht darf nur von Personen durchgeführt werden, die mit der Zucht von Heimtieren betraut und als solche in das entsprechende Register eingetragen sind.

e) die Tiere daran zu hindern, ihre Exkremente und ihren Urin an Orten abzusetzen, an denen sich andere Menschen gewöhnlich aufhalten, wie z.B. an Fassaden, Türen oder Eingängen von Einrichtungen, und diese in jedem Fall zu entfernen oder mit biologisch abbaubaren Produkten zu reinigen.

f) Erleichterung der veterinärmedizinischen Kontrollen und Behandlungen, die von den öffentlichen Verwaltungen angeordnet sind.

g) für Heimtiere, die aufgrund ihrer Eigenschaften und ihrer Art dauerhaft in Käfigen, Aquarien, Terrarien und dergleichen leben, müssen geeignete Räume in Bezug auf Größe, natürlichen Lebensbedingungen und Umweltvoraussetzungen für ihre Haltung zur Verfügung stehen.

DAS SPANISCHE TIERSCHUTZGESETZ VOM 28. MÄRZ 202...

Die Bedingungen für die einzelnen Arten werden in einer Verordnung festgelegt.

h) Absolvierung der für jede Tierart vorgeschriebene Schulung zur verantwortungsvoller Tierhaltung.

i) Kennzeichnung mit einem Mikrochip und chirurgische Sterilisation aller Katzen vor ihrem sechsten Lebensmonat, mit Ausnahme derjenigen, die im Kennzeichnungsregister als Züchter eingetragen sind und auf den Namen eines im Register der Heimtierzüchter eingetragenen Züchters laufen.

j) Benachrichtigung der zuständigen Behörde und des Eigentümers über die Beseitigung des Leichnams eines toten, identifizierten Heimtiers.

Dem Antrag auf Löschung eines verstorbenen Heimtieres aus dem Register muss ein Dokument beiliegen, aus dem hervorgeht, dass das Tier von einem offiziell für die Durchführung solcher Tätigkeiten anerkannten Unternehmen eingeäschert oder bestattet wurde, und das die Kennnummer des verstorbenen Tieres sowie den Vor- und Nachnamen der für das Tier verantwortlichen Person enthält oder, falls dies nicht der Fall ist, dass in den Datenbanken des Unternehmens, das sich um den Leichnam gekümmert hat, ein Eintrag vorhanden ist. Ist es nicht möglich, den Kadaver zu bergen, muss dies ordnungsgemäß dokumentiert werden.

ARTIKEL 27: BESONDERE VERBOTE FÜR HEIMTIERE

Unbeschadet der Bestimmungen des Artikels 25 sind die folgenden Handlungen an Heimtieren ausdrücklich verboten

(a) die Tötung von Heimtieren, es sei denn, dass die zuständige Behörde dies aus Gründen der Sicherheit von Personen oder Tieren oder wegen einer Gefahr für die öffentliche Gesundheit ordnungsgemäß begründet.

Ausdrücklich verboten ist die Tötung in öffentlichen oder privaten Tierschutzzentren, Tierkliniken und Zoos im Allgemeinen aus wirtschaftlichen Gründen, wegen Überbevölkerung, wegen Platzmangels, wegen der Unmöglichkeit, innerhalb eines bestimmten Zeitraums einen Adoptivtierhalter zu finden, wegen der Aufgabe der rechtlich verantwortlichen Person, wegen hohen Alters, wegen Krankheit oder Verletzung mit der Möglichkeit einer palliativen oder kurativen Behandlung, wegen Verhaltensstörungen, die korrigiert werden können, sowie aus jedem anderen Grund, der den oben genannten ähnlich ist.

Die Euthanasie ist nur nach tierärztlichen Kriterien und unter tierärztlicher Kontrolle zu rechtfertigen, und zwar ausschließlich zu dem Zweck, Leiden zu vermeiden, die auf nicht wiedergutzumachende Ursachen zurückzuführen sind, die die Lebensqualität des Tieres ernsthaft beeinträchtigen. Dies muss als solche von einem zugelassenen Tierarzt ausgeführt und bescheinigt werden. Die Euthanasie muss von zugelassenem tierärztlichem Personal oder von Personal einer öffentlichen Verwaltung mit Methoden durchgeführt werden, die humane Bedingungen garantieren, die durch die geltenden gesetzlichen Bestimmungen zugelassen sind.

b) Jegliche Art von Verstümmelung oder dauerhafter Körperveränderung; dieses Verbot gilt nicht für Kennzeichnungssysteme durch Ohrmarken bei Wohnungskatzen und solche, die aus therapeutischen Gründen notwendig sind, um ihre Gesundheit zu gewährleisten oder ihre Fortpflanzungsfähigkeit einzuschränken oder aufzuheben, ohne dass funktionelle oder ästhetische Gründe jeglicher Art als Rechtfertigung dienen können, und die durch einen Bericht eines zugelassenen Tierarztes oder einer öffentlichen Verwaltung bestätigt werden müssen, der in das entsprechende Kennzeichnungsregister eingetragen wird.

c) Kämpfe mit ihnen austragen oder sie zu solchen oder ähnlichen Praktiken abrichten sowie Aggressionen gegenüber anderen Tieren oder Menschen

DAS SPANISCHE TIERSCHUTZGESETZ VOM 28. MÄRZ 202...

außerhalb des Rahmens geregelter Tätigkeiten anstiften.

d) das Anbinden oder Herumstreunen in öffentlichen Räumen ohne Beaufsichtigung durch die für die Pflege und das Verhalten der Tiere verantwortliche Person.

e) regelmäßiges Halten von Hunden und Katzen auf Terrassen, Balkonen, Dachterrassen, Abstellräumen, Kellern, Höfen und dergleichen oder in Fahrzeugen.

f) das Anbinden von Tieren an fahrende Kraftfahrzeuge.

g) das Aussetzen oder Einführen von Tieren einer der unter dieses Gesetz fallenden Heimtierarten in die natürliche Umgebung, mit Ausnahme derjenigen, die in Wiederansiedlungsprogrammen enthalten sind.

h) die Beseitigung von Tierkörpern von Heimtieren ohne Überprüfung ihrer Kennzeichnung, wenn dies vorgeschrieben ist.

(i) ein Heimtier länger als drei aufeinanderfolgende Tage unbeaufsichtigt zu lassen; bei Hunden darf dieser Zeitraum 24 aufeinanderfolgende Stunden nicht überschreiten.

j) Durchführung von genetischen Selektionsmaßnahmen oder -praktiken, die zu schwerwiegenden Problemen oder Veränderungen der Gesundheit des Tieres führen.

k) die gewerbliche Zucht von Heimtieren jeglicher Art sowie jede Art der Zucht von Tieren, deren individuelle Kennzeichnung nach geltendem Recht obligatorisch ist, durch Züchter, die nicht im Register der Heimtierzüchter eingetragen sind.

l) die Vermarktung von Hunden, Katzen und Frettchen in Zoohandlungen sowie ihre Ausstellung und Zurschaustellung in der Öffentlichkeit zu gewerblichen Zwecken. Hunde, Katzen und Frettchen dürfen nur von registrierten Züchtern verkauft werden.

m) die Vermarktung, Schenkung oder Adoption von Tieren, die nicht zuvor gekennzeichnet und auf den Namen des Übergebers gemäß den nach den geltenden Vorschriften geltenden Kennzeichnungsmethoden registriert wurden.

n) die Verwendung von Heimtieren für den menschlichen Verzehr.

ñ) die Verwendung von Hilfsmitteln, die dem Tier Verletzungen zufügen können, insbesondere Elektro-, Impuls-, Straf- oder Würgehalsbänder.

ARTIKEL 28: HEIMTIERE IM FREIEN

1. Bei Heimtieren, die im Freien untergebracht werden müssen, müssen die Eigentümer oder die für sie verantwortlichen Personen unbeschadet der Bestimmungen des vorhergehenden Artikels folgende Maßnahmen ergreifen:

a) Sie müssen Räume verwenden, die die Tiere vor Witterungseinflüssen schützen.

b) Die Räume sind so anzuordnen, dass sie nicht über einen längeren Zeitraum direkter Sonneneinstrahlung, Regen oder extremer Kälte ausgesetzt sind.

c) Die Unterkunft im Freien muss der Größe und den physiologischen Bedürfnissen des Tieres angemessen sein.

d) Sicherstellen, dass die Tiere Zugang zu Wasser und Futter sowie angemessene sanitäre und hygienische Bedingungen haben.

2. Die Orte und privaten Räume, an denen Hunde gewöhnlich gehalten werden, die nach den Tests zur Beurteilung ihrer Eignung und sich in dem in Artikel 24.3 vorgesehenen sozialen Umfeld befinden, müssen als besondere Behandlung eingestuft werden, müssen ausreichende Sicherheitsbedingungen aufweisen, um ein Entweichen oder mögliche Aggressionen zu vermeiden.

(Anm. d. Red.: Der Gesetzgeber verwendet wörtlich übersetzt „offene Räume" für „im Freien")

ARTIKEL 29: ZUGANG VON HEIMTIEREN ZU VERKEHRSMITTELN, EINRICHTUNGEN UND ÖFFENTLICHEN RÄUMEN

1. Öffentliche und private Verkehrsmittel ermöglichen den Zugang von Heimtieren, die keine Gefahr für Menschen, andere Tiere und Sachen darstellen, unbeschadet der Bestimmungen der öffentlichen Gesundheitsvorschriften, der kommunalen Verordnungen oder der besonderen Vorschriften.

Die Fahrer von öffentlichen Taxidiensten oder von Fahrzeugen mit Chauffeur ermöglichen jedoch die Mitnahme von Heimtieren in ihren Fahrzeugen nach eigenem Ermessen, es sei denn, es liegen hinreichend begründete Umstände vor.

Betreiber von Kurz-, Mittel- und Langstreckenbahnen sowie Schifffahrts- und Fluggesellschaften ergreifen die erforderlichen Maßnahmen, um die Beförderung von Heimtieren in diesen Verkehrsmitteln zu gewährleisten, sofern sie unter den von den jeweiligen Betreibern festgelegten Zugangsbedingungen und unter Einhaltung der gesetzlich vorgeschriebenen Gesundheits-, Hygiene- und Sicherheitsbedingungen erfolgt.

2. Öffentliche und private Einrichtungen, Hotels, Restaurants, Bars und allgemein alle Einrichtungen, in denen Getränke und Mahlzeiten konsumiert werden, können Haustieren, die keine Gefahr für Menschen, andere Tiere und Sachen darstellen, den Zutritt zu Bereichen gestatten, die nicht für die Zubereitung, die Lagerung oder den Umgang mit Lebensmitteln bestimmt sind, unbeschadet der Bestimmungen der öffentlichen Gesundheitsvorschriften oder der kommunalen Satzungen oder besonderen Vorschriften.

Wird dem Tier der Zutritt und der Aufenthalt verweigert, so muss dies durch ein von außen sichtbares Schild angezeigt werden.

3. Sofern nicht ausdrücklich verboten, ordnungsgemäß ausgeschildert und von außen sichtbar, ist Heimtieren der Zugang zu öffentlichen Gebäuden und Räumlichkeiten zu gestatten.

4. Heime, Zufluchtsorte, Hilfszentren und generell Einrichtungen, die für von sozialer Ausgrenzung bedrohte Personen, Obdachlose, Opfer geschlechtsspezifischer Gewalt und generell für alle Personen in einer ähnlichen Situation bestimmt sind, ermöglichen diesen Personen und ihren Heimtieren den Zugang zu den genannten Einrichtungen, es sei denn, es liegen ausdrücklich gerechtfertigte Gründe vor. Falls der Zugang mit dem Heimtier nicht möglich ist, werden Vereinbarungen mit Tierschutzorganisationen oder Tierschutzprojekten gefördert.

5. Personen, die für Heimtiere verantwortlich sind, die Zugang zu den in den vorstehenden Abschnitten genannten Transportmitteln, Einrichtungen und Orten haben können, müssen das Tier unter Einhaltung der Gesundheits- und Hygienebedingungen mitnehmen und die von der Einrichtung oder dem Transportmittel selbst festgelegten Sicherheitsmaßnahmen sowie die spezifischen sektoralen Rechtsvorschriften beachten.

6. Der Zugang von Assistenzhunden und Hunden der Streitkräfte, der Sicherheitskräfte und der Korps zu Verkehrsmitteln, Einrichtungen und Orten, die in diesem Artikel benannt sind, unterliegt weder dem Ermessen noch werden sie in die Zugangsquoten einbezogen, falls es solche gibt, die in Übereinstimmung mit ihrer spezifischen Gesetzgebung durchgeführt werden. In jedem Fall haben Assistenzhunde in Begleitung der Person, die sie assistieren, Zugang zu allen Bereichen.

7. Unbeschadet der Bestimmungen ihrer Gemeindeverordnungen ermöglichen die Gemeinden den Zugang zu Stränden, Parks und anderen öffentlichen Räumen für Haustiere, die keine Gefahr für Menschen, andere Tiere oder Sachen darstellen. Unbeschadet des Zugangs zu diesen und anderen Räumen legen die Gemeinden in jedem Fall Orte fest, die speziell für die Erholung von Heimtieren, insbesondere von Hunden, vorgesehen sind.

ARTIKEL 30: HUNDEHALTUNG

1. Personen, die sich dafür entscheiden, Hundehalter zu sein, müssen die Absolvierung eines Lehrgangs zur Hundehaltung nachweisen, der auf unbestimmte Zeit gültig ist.

2. Dieser Lehrgang ist kostenlos und sein Inhalt wird durch eine Verordnung festgelegt.

3. Im Falle der Hundehaltung und während der gesamten Lebensdauer des Tieres muss der Halter eine Haftpflichtversicherung für Schäden gegenüber Dritten abschließen und aufrechterhalten, die auch die für das Tier verantwortlichen Personen einschließt, und zwar in einer Höhe, die ausreicht, um etwaige daraus entstehende Kosten zu decken, und die durch eine Verordnung festgelegt wird.

KAPITEL III WILDTIERE IN GEFANGENSCHAFT

ARTIKEL 31. GEGENSTAND

Die Bestimmungen dieses Kapitels gelten für alle in Gefangenschaft lebenden Wildtiere, die nicht in der Positivliste für Heimtiere aufgeführt sind.

ARTIKEL 32: BESONDERE BEDINGUNGEN

1. Die Haltung, die Zucht und der Handel von Tieren der Wildfauna in Gefangenschaft außerhalb der in diesem Gesetz zugelassenen Fälle ist verboten.

2. Die Haltung, der Austausch und die Zucht in Gefangenschaft in zoologischen oder ähnlichen Parks im Rahmen von Programmen, die in Artikel 4 des Gesetzes 31/2003 vom 27. Oktober über die Erhaltung der Wildtiere in zoologischen Parks vorgesehen sind, sowie im Rahmen von Programmen zur Erhaltung gefährdeter Arten, an denen die zuständigen Verwaltungen beteiligt sind, sind von dem im vorhergehenden Abschnitt dargelegten Verbot ausgenommen.

3. Die zuständigen Behörden können von dem in Absatz 1 genannten Verbot abweichen, wenn die in Artikel 61 des Gesetzes 42/2007 vom 13. Dezember und in den Artikeln 9 bzw. 12 der Richtlinie 2009/147/EG vom 30. November über die Erhaltung der wildlebenden Vogelarten und der Richtlinie 92/43/EWG vom 21. Mai zur Erhaltung der natürlichen Lebensräume sowie der wildlebenden Tiere und Pflanzen genannten außergewöhnlichen Umstände erfüllt sind.

4. Die Wildtiere, deren Zucht, Haltung in Gefangenschaft oder eventuelle Weitergabe oder Verkauf von den Bestimmungen dieser Gesetzes ausgenommen sind, werden vorbehaltlich eines positiven Berichts des wissenschaftlich-technischen Ausschusses für Tierschutz und Tierrechte durch Verordnung bestimmt.

5. Erhalten die zuständigen Behörden Kenntnis vom Vorhandensein wildlebender Tiere, die den Bestimmungen dieses Gesetzes zuwiderlaufen, so treffen sie die erforderlichen Maßnahmen, um einzugreifen und die Tiere Zentren für den Schutz wildlebender Tiere, Zoos oder Tierschutzorganisationen zur Verfügung zu stellen. Im Falle von Zoos wird die Hinterlegung von Exemplaren durchgeführt, solange dies nicht ihre Fähigkeit beeinträchtigt, um die in Artikel vier des Gesetzes 31/2003 vorgesehenen Programme zu erfüllen.

6. Bei Walarten ist die Zucht und Haltung in Gefangenschaft auf Forschungs- und Erhaltungszwecke zu beschränken. Ihre Verwendung bei Ausstellungen darf nur unter der Aufsicht von Tierpflegern und entsprechenden Fachleuten erfolgen.

Im Rahmen der Staatlichen Kommission für das Naturerbe und die biologische Vielfalt erstellt die Allgemeine Staatsverwaltung auf der Grundlage eines Berichts des wissenschaftlich-technischen Ausschusses gemeinsam mit den Autonomen Gemeinschaften Richtlinien für die Verwaltung und die Bedingungen der Gefangenschaft von Exemplaren zu den oben genannten Zwecken.

KAPITEL IV FÖRDERUNG DER VERANTWORTUNGSVOLLEN KOEXISTENZ MIT TIEREN

ARTIKEL 33: FÖRDERUNG EINES VERANTWORTUNGSVOLLEN ZUSAMMENLEBENS MIT TIEREN

1. Die öffentlichen Verwaltungen haben die Aufgabe, das verantwortungsvolle Zusammenleben mit Tieren zu fördern, indem sie Kampagnen durchführen, die den Schutz und die Verteidigung von Tieren, die Adoption von Heimtieren, die Kenntnis des Verhaltens von Tieren und der mit der Misshandlung von Tieren verbundenen sozialen Schäden zum Ziel haben und die Vorteile des Zusammenlebens mit Tieren für die Entwicklung der Persönlichkeit hervorheben.

2. Zu diesem Zweck können die öffentlichen Verwaltungen Vereinbarungen oder Absprachen mit tierärztlichen Berufsverbänden und mit Einrichtungen treffen, die bei der verantwortungsvollen Haltung von Heimtieren zusammenarbeiten und die folgenden Anforderungen erfüllen:

a) Förderung der verantwortungsvollen Tierhaltung, der Integration von Tieren in die Gesellschaft und der Verhinderung des Aussetzens von Tieren.

b) Im Bereich der Zuchtaktivitäten verpflichten sie sich zu einer maßvollen und verantwortungsvollen Zucht, die die körperliche und verhaltensmäßige Gesundheit der Heimtiere schützt.

3. Die im vorstehenden Abschnitt genannten kooperierenden Einrichtungen können sich an der Entwicklung von Kampagnen zum Schutz und zur Verteidigung von Tieren beteiligen, insbesondere an solchen, die darauf abzielen, die unkontrollierte Vermehrung von Tieren sowie ihre Aussetzung zu verhindern.

4. Ebenso können sie Sensibilisierungsmaßnahmen durchführen, die sich an die Personen richten, die Haustiere besitzen oder für sie verantwortlich sind, um eine optimale Integration und Koexistenz von Tieren in der Gesellschaft zu erreichen.

5. Die Bildungsverwaltungen fördern die Vermittlung von Werten, die die Achtung der Empfindungsfähigkeit der Tiere und ihrer Rechte begünstigen, durch die Aufnahme von Kenntnissen über den Tierschutz in die Lehrpläne und in die Maßnahmen der beruflichen Bildung, die in ihrem territorialen Zuständigkeitsbereich gelten.

6. Im Bereich des verantwortungsvollen Zusammenlebens dürfen Bildungs- und Ausbildungseinrichtungen keine Praktiken anwenden, die dem

zuwiderlaufen, wie z.B. die Nutzung von Klassenzimmern als Lebensraum für Tiere, die Verteilung von Tieren unter den Schülern und jede andere ähnliche Praxis.

KAPITEL V   POSITIVLISTE FÜR HEIMTIERE

ARTIKEL 34: LISTE DER TIERARTEN, DIE ALS HEIMTIERE GEHALTEN WERDEN DÜRFEN

Nur die folgenden Tiere dürfen als Heimtiere gehalten werden:

a) Hunde, Katzen und Frettchen.

b) Tiere, die zu den Arten gehören, die als Haustiere im Sinne des Gesetzes 8/2003 vom 24. April über die Tiergesundheit gelten. Zu diesem Zweck legt die zuständige Ministerialabteilung auf der Grundlage eines Berichts des wissenschaftlich-technischen Ausschusses für Tierschutz und Tierrechte die Liste der als Haustiere gehaltenen Tierarten fest.

c) Tiere, die zu den in der Positivliste der Heimtiere aufgeführten Wildtierarten gehören.

d) Nutztiere, die nicht zu den Wildtieren gehören und die, wie in Artikel 3, Abschnitt a) beschrieben, ihren Zweck als Nutztiere verlieren, werden nach Entscheidung ihres Besitzers als Haustiere registriert.

e) Falkenvögel und Aquarientiere, die nicht im Katalog der invasiven gebietsfremden Arten oder der geschützten wildlebenden Arten auf Ebene des Staates oder der autonomen Gemeinschaft aufgeführt sind, oder wildlebende Tierarten, die in Spanien nicht natürlich vorkommen und durch das Recht der Europäischen Union und/oder von Spanien ratifizierte internationale Verträge geschützt sind.

ARTIKEL 35: POSITIVLISTE FÜR HEIMTIERE

1. Die Liste der Wildtierarten, die als Heimtiere gehalten werden dürfen, nachstehend "Positivliste für Heimtiere" genannt, wird hiermit festgelegt.

2. Die Positivliste für Heimtiere ist eine offene, landesweite Liste, die von der zuständigen Ministerialabteilung geführt wird, die sie ständig auf dem neuesten Stand halten und veröffentlichen muss. Sie besteht aus einer Reihe von Listen von Gruppen wild lebender Tiere: Positivliste für Säugetiere, Positivliste für Vögel, Positivliste für Reptilien, Positivliste für Amphibien, Positivliste für Fische und Positivliste für wirbellose Tiere - alle Taxa, die nicht als Wirbeltiere gelten -, die unabhängig voneinander erstellt werden können.

(Anm. d. Red.: Taxa bedeutet hier, Lebewesen einer biologische Gruppe die meist auch einen eigenen Gruppennamen aufweist)

ARTIKEL 36 ALLGEMEINE KRITERIEN FÜR DIE AUFNAHME EINER ART IN DIE POSITIVLISTE FÜR HEIMTIERE

1. Die Aufnahme einer Tierart in die Positivliste für Heimtiere muss folgende allgemeine Kriterien erfüllen

a) Die Individuen der Art müssen in der Lage sein, in Gefangenschaft angemessen gehalten zu werden.

b) Es müssen wissenschaftliche Referenzdokumente oder bibliografische Informationen über die angemessene Unterbringung, Haltung und Pflege des betreffenden oder eines ähnlichen Tieres in Gefangenschaft sowie über seine Zucht in Gefangenschaft verfügbar sein.

c) Arten, bei denen mit Sicherheit davon auszugehen ist, dass sie im räumlichen Geltungsbereich des Haltungsortes invasiv sind oder die im Falle des Entweichens und der fehlenden Kontrolle eine ernste Gefahr für die Erhaltung der biologischen Vielfalt in diesem räumlichen Geltungsbereich darstellen oder darstellen können, werden nicht in die Positivliste für Heimtiere aufgenommen.

d) In die Positivliste für Heimtiere werden nur Tierarten aufgenommen, von denen keine Gefahr für die Gesundheit oder Sicherheit von Menschen oder anderen Tieren oder eine andere begründete spezifische Gefahr ausgeht.

e) Individuen geschützter wildlebender Arten, insbesondere solcher, die sowohl auf staatlicher als auch auf Ebene der Autonomen Gemeinschaft unter besonderen Schutz gestellt sind, oder wildlebender Tierarten, die in Spanien nicht natürlich vorkommen und durch das Recht der Europäischen Union und/oder von Spanien ratifizierte internationale Verträge geschützt sind, werden nicht in die Positivliste für Heimtiere aufgenommen, unbeschadet der Bestimmungen für Falknereivögel, die gemäß Artikel 7 Absatz 4 der Richtlinie 2009/147/EG des Europäischen Parlaments und des Rates vom 30. November 2009 über die Erhaltung der wildlebenden Vogelarten verwendet werden, und unter der Voraussetzung, dass der Wissenschaftlich-technische Ausschuss für Tierschutz und Tierrechte diese Ausnahme befürwortet.

2. Tierarten, bei denen begründete Zweifel daran bestehen, dass sie in Gefangenschaft ordnungsgemäß gehalten und gepflegt werden können,

werden nicht in die Positivliste für Heimtiere aufgenommen.

3. Invasive gebietsfremde Arten im Sinne des Königlichen Dekrets 630/2013 vom 2. August, das den spanischen Katalog invasiver gebietsfremder Arten regelt, dürfen unter keinen Umständen in die Positivliste für Heimtiere aufgenommen werden.

ARTIKEL 37: AUFNAHME VON ARTEN UND AKTUALISIERUNG DER POSITIVLISTE FÜR HEIMTIERE

1. Die Regierung genehmigt auf Vorschlag des zuständigen Ministeriums durch königlichen Erlass das Verfahren zur Genehmigung der Listen von Säugetieren, Vögeln, Reptilien, Amphibien, Fischen und wirbellosen Tieren, die in die Positivliste der Heimtiere aufgenommen werden, wenn technische oder wissenschaftliche Informationen vorliegen, die dies nahelegen, sowie die Aufnahme oder den Ausschluss einer Art in diese Liste.

2. Das Verfahren für die Aufnahme oder den Ausschluss, das durch eine Verordnung festgelegt wird, erfordert zumindest die Einreichung eines Antrags bei der zuständigen Ministerialabteilung, der den wissenschaftlichen Namen des Tieres und die wissenschaftlichen und technischen Unterlagen, auf denen der Antrag beruht, enthält. Die zuständige Ministerialabteilung fordert die Bewertung der eingegangenen Unterlagen durch den wissenschaftlich-technischen Ausschuss an, und es ist obligatorisch, einen Bericht der für den ökologischen Übergang und die demografische Herausforderung sowie für Landwirtschaft, Fischerei und Ernährung zuständigen Ministerien einzuholen. Das Verfahren wird von Amts wegen oder auf Antrag einer öffentlichen Verwaltung, einer Tierschutzorganisation oder einer öffentlichen oder privaten Vereinigung eingeleitet.

3. In den Verordnungen werden die Fristen für das Bewertungsverfahren zur Aufnahme oder zum Ausschluss einer Art in die Positivliste für Heimtiere sowie die möglichen Bedingungen für die Haltung von nicht endgültig aufgenommenen Tieren festgelegt, die in jedem Fall den Bestimmungen dieses Gesetzes über den Schutz von Heimtieren entsprechen müssen und in keinem Fall deren Tötung zur Folge haben dürfen.

KAPITEL VI   KATZENKOLONIEN

ARTIKEL 38: ALLGEMEINE GRUNDSÄTZE

1. Die Vorschriften dieses Kapitels zielen auf die Kontrolle der Population aller in der Kolonie lebenden Katzen ab, mit dem Ziel, ihre Population schrittweise zu verringern und gleichzeitig ihren Schutz als Haustiere zu erhalten.

2. Zu den im vorstehenden Abschnitt genannten Zwecken ist die Kennzeichnung aller in der Kolonie lebenden Katzen mit einem Mikrochip, der bei der zuständigen Kommunalverwaltung registriert ist, und ihre chirurgische Sterilisation obligatorisch.

ARTIKEL 39: AUFGABEN DER ÖRTLICHEN VERWALTUNG

1. In Ermangelung anderer Bestimmungen in der Gesetzgebung der Autonomen Gemeinschaft und unter Beachtung der durch die geltende Gesetzgebung festgelegten Zuständigkeiten obliegt die Verwaltung von Gemeinschaftskatzen den örtlichen Behörden, die zu diesem Zweck Programme zur Verwaltung von Katzenkolonien ausarbeiten, die zumindest die folgenden Aspekte umfassen müssen

a) Förderung der Mitarbeit der Bürger bei der Pflege von Gemeinschaftskatzen, indem sie in ihren Gemeindeordnungen die Verfahren regeln, in denen die Rechte und Pflichten der Halter von Katzenkolonien festgelegt werden.

b) Die Gemeindeverwaltung kann mit Organisationen zur Verwaltung von Katzenkolonien zusammenarbeiten, die ordnungsgemäß im Register der Tierschutzorganisationen eingetragen sind, um Programme zur Verwaltung von Katzenkolonien durchzuführen und zu entwickeln.

c) Die lokale Behörde übernimmt die Verantwortung für die Gesundheitsfürsorge für Katzen in der Gemeinde, die dies benötigen, wobei sie sich stets auf die Dienste eines zugelassenen Tierarztes stützt.

d) Die Erstellung von Aktionsprotokollen für Fälle von Katzenkolonien auf privaten Grundstücken, so dass deren Behandlung unter Einhaltung der gleichen Vorgaben wie auf öffentlichen Straßen erfolgen kann.

e) Durchführung von Schulungs- und Informationskampagnen für die Bevölkerung über die in der Gemeinde durchgeführten Programme zum Management von Katzenkolonien.

f) Die Erstellung von Plänen zur Kontrolle der Katzenpopulation in der Gemeinde nach den folgenden Kriterien:

1). die Kartierung und Zählung der Katzen in der Gemeinde zur Planung und Kontrolle der Sterilisationen entsprechend dem Umfang der zu kontrollierenden Population, so dass diese effizient ist und ein Anwachsen der Katzenpopulation verhindert.

2) Programme für die Sterilisation von Katzen durch einen qualifizierten Tierarzt, einschließlich Ohrmarkierungen.

3. ein von einem zugelassenen Tierarzt unterzeichnetes und überwachtes Gesundheitsprogramm für die Kolonie, das zumindest Entwurmung,

Impfung und die obligatorische Kennzeichnung mit einem Mikrochip unter der Verantwortung der Gemeinde umfasst.

4. ein Protokoll für den Umgang mit Nachbarschaftskonflikten.

g) Alle anderen, die in den Rahmenprotokollen der Autonomen Gemeinschaften und der Städte von Ceuta und Melilla, zu denen sie gehören, vorgesehen sind, und in jedem Fall müssen sie ihnen einen jährlichen statistischen Bericht über die Umsetzung und Entwicklung der Protokolle in ihrer Gemeinde vorlegen.

h) Die Gemeinde muss über einen geeigneten Ort verfügen, der über ausreichend Platz und eine entsprechende Ausstattung verfügt, um die Gemeinschaftskatzen im Bedarfsfall vorübergehend aus ihrer Kolonie zu entfernen.

i) Die lokalen Behörden sollten Regulierungs- und Überwachungsmechanismen einrichten, um diejenigen zu kontrollieren und zu bestrafen, die für Katzen verantwortlich sind, die nicht ordnungsgemäß gekennzeichnet und sterilisiert sind und daher nicht die erforderlichen Maßnahmen ergreifen, um die Vermehrung ihrer Tiere mit Gemeinschaftskatzen zu verhindern.

2. Die Allgemeine Staatsverwaltung legt Subventionslinien zugunsten lokaler Einrichtungen für die Erfüllung ihrer Verpflichtungen in Bezug auf Katzenkolonien fest.

3. Um die im vorliegenden Gesetz festgelegten Verpflichtungen zu erfüllen, können die lokalen Verwaltungen die Unterstützung der Provinzialräte, der Cabildos und der Inselräte bei der Ausübung der ihnen zustehenden Befugnisse zur Gewährleistung der kommunalen öffentlichen Dienstleistungen in Anspruch nehmen.

4. In Übereinstimmung mit den von der Autonomen Gemeinschaft in den in Artikel 40 vorgesehenen Protokollen festgelegten Kriterien werden die durchzuführenden Verfahren so festgelegt, dass negative Auswirkungen auf die biologische Vielfalt der sie bewohnenden Exemplare vermieden werden.

ARTIKEL 40: AUFGABEN DER AUTONOMEN VERWALTUNG

Die Autonomen Gemeinschaften und die Städte Ceuta und Melilla sind verantwortlich für die Erstellung von Rahmenprotokollen mit den Mindestverfahren und -anforderungen, die als Referenz für die Durchführung von Programmen zur Verwaltung von Katzenkolonien in den Gemeinden dienen. Diese Protokolle müssen mindestens die folgenden Aspekte enthalten:

a) Fangmethoden für die Sterilisation, die die Natur der kommunalen Katzen respektieren und mit den Tierschutzrichtlinien übereinstimmen.

b) Kriterien für die Registrierung der Kolonien und der darin lebenden Tiere.

c) Kriterien für Fütterung, Reinigung, Mindestpflege und Gesundheitspflege.

d) Kriterien für die Sterilisation nach effizienten Programmen, die von Tierärzten durchgeführt werden.

e) Einrichtung von Unterständen, Futterstellen oder anderen Elementen, die erforderlich sind, um die Lebensqualität der Katzen in den Kolonien zu gewährleisten.

f) Schulung und Festlegung von Koloniebetreuern und den verschiedenen öffentlichen Bediensteten, die an der Verwaltung der Kolonien beteiligt sind.

g) Schulung der örtlichen Polizeibeamten in der Verwaltung von Katzenkolonien.

h) Protokolle für Maßnahmen in besonderen Situationen, einschließlich der späteren Rückführung von Gemeinschaftskatzen in ihren natürlichen Lebensraum.

i) Protokolle für die Rettung und Unterstützung in Notfällen, wie z. B. bei schlechtem Wetter oder Naturkatastrophen.

j) Kriterien für die Festlegung von Verfahren für die Verwaltung von Katzenkolonien, um erhebliche Auswirkungen der in solchen Kolonien lebenden Tiere auf die sie umgebende biologische Vielfalt zu vermeiden.

ARTIKEL 41: PFLICHTEN DER BÜRGER

1. Die Menschen respektieren in ihrem natürlichen Zusammenleben mit den Katzenkolonien die Unversehrtheit, Sicherheit und Lebensqualität der Gemeinschaftskatzen, aus denen die Kolonien bestehen, sowie die Futter- und Unterbringungsmöglichkeiten des Gemeinschaftskatzen-Managementprogramms.

2. Personen, die Hunde besitzen oder für sie verantwortlich sind, müssen Maßnahmen ergreifen, um zu verhindern, dass die Anwesenheit von Hunden die Unversehrtheit der Katzenkolonien und der Gemeinschaftskatzen sowie der ihnen zugewiesenen Ressourcen beeinträchtigt oder gefährdet.

ARTIKEL 42: VERBOTE

Die folgenden Handlungen sind im Zusammenhang mit Katzenkolonien verboten:

1. Die Tötung von Katzen, außer bei Erkrankungen, die die langfristige Gesundheit der Katze gefährden, oder in den in diesem Gesetz für die Tötung von Haustieren vorgesehenen Ausnahmefällen. Die Tötung muss ordnungsgemäß bescheinigt und von einem professionellen Tierarzt durchgeführt werden.

2. Die Unterbringung von Katzen, die nicht mit Menschen vergesellschaftet sind, in Tierschutzzentren, Unterkünften oder ähnlichen Einrichtungen, mit Ausnahme der notwendigen Maßnahmen bei der Intervention von Tieren aus den Kolonien zu deren Behandlung oder Umsiedlung.

3. Das Aussetzen von Katzen in den Kolonien, unabhängig von ihrer Herkunft.

4. Die Freilassung von Katzen in anderen Kolonien als der Ursprungskolonie.

5. Die Verwendung von Katzen für die Jagd.

6. Das Entfernen von Gemeinschaftskatzen aus ihrer Kolonie, mit den folgenden Ausnahmen:

a) Kranke Katzen, die sich in ihrer gewohnten Umgebung und ihrem Revier nicht mehr selbst versorgen können. In diesen Fällen prüft ein Tierarzt die für die Katze am besten geeigneten Möglichkeiten, wobei die Lebensqualität des Tieres stets im Vordergrund steht.

b) Katzen, die vollständig mit Menschen sozialisiert sind und adoptiert werden sollen.

c) Jungtiere im Sozialisierungsalter, die adoptiert werden sollen.

7. Die Umsiedlung oder Verbringung von Gemeinschaftskatzen, mit Ausnahme von Katzen, deren Unterbringung in freier Wildbahn

a) mit der Erhaltung ihrer Unversehrtheit und Lebensqualität unvereinbar ist.

b) sich negativ auf die Bedingungen der biologischen Vielfalt in geschützten Naturgebieten und Natura 2000-Gebieten auswirkt.

(c) eine negative Auswirkung auf geschützte Tierarten hat.

d) eine Gefahr für die menschliche Gesundheit und Sicherheit darstellt.

8. Entfernungsaktionen zur Umsiedlung oder Umsiedlung in ein anderes Gebiet müssen das Wohlergehen von Gemeinschaftskatzen und Katzenkolonien wahren und unter tierärztlicher Aufsicht und im Anschluss an einen obligatorischen Bericht der zuständigen Stelle der Autonomen Gemeinschaft über die Einhaltung der Bedingungen für den Schutz der biologischen Vielfalt durchgeführt werden, in dem die unter den Buchstaben a), b) und c) beschriebenen Situationen bewertet, die Notwendigkeit der Entfernung oder Umsiedlung begründet und die für die Katzen am besten geeigneten Optionen bewertet und geplant werden. Im Falle von Buchstabe d) wird die Bewertung der beschriebenen Situation von der zuständigen Stelle vorgenommen.

KAPITEL VII
TIERSCHUTZGREMIEN

ARTIKEL 43
KLASSIFIZIERUNG VON TIERSCHUTZORGANISATIONEN

(1) Zum Zwecke der Eintragung in das Register der Tierschutzorganisationen können Tierschutzorganisationen folgende Arten von Organisationen sein: Tierschutzorganisationen vom Typ RAC, Tierschutzorganisationen vom Typ RAD und Tierschutzorganisationen vom Typ RAS, Tierschutzorganisationen vom Typ GCOF und Tierschutzorganisationen vom Typ DEF.

2. Jede Tierschutzorganisation kann gleichzeitig in mehreren der oben genannten Typen enthalten sein.

ARTIKEL 44: TIERSCHUTZORGANISATIONEN VOM TYP RAC

Einrichtungen vom Typ RAC sind solche, die Rettungs- und Rehabilitationsmaßnahmen durchführen und sich um die Adoption von Heimtieren bemühen, die ausgesetzt, misshandelt oder vernachlässigt wurden oder sich in anderen Situationen befinden. Diese Einrichtungen müssen den folgenden Verpflichtungen nachkommen:

a) Sie müssen der zuständigen Verwaltung einen Jahresbericht vorlegen, der eine wirtschaftliche Übersicht über ihre Tätigkeit, die eingesetzten Humanressourcen und die durchgeführten Schulungsmaßnahmen enthält.

b) Führung eines Registers der in Obhut genommenen und zur Adoption freigegebenen Tiere.

c) Im Falle von Hunden, Katzen und Frettchen müssen sie die Tiere vor der Adoption sterilisieren oder eine Sterilisationsverpflichtung unterzeichnen lassen, wenn sie nicht alt genug sind, um sich einer Operation zu unterziehen, und zwar nach tierärztlichen Kriterien. Sie sind auch verpflichtet, Tiere anderer Arten zu sterilisieren, sofern dies nach tierärztlichen Kriterien durchführbar ist.

d) Sie müssen die veterinärmedizinischen Mindestanforderungen für die Abgabe der betreffenden Tiere und die Mindestbehandlungen im Zusammenhang mit der obligatorischen Sterilisation, Kennzeichnung, Entwurmung und Impfung einhalten.

e) Sie geben die Tiere mit einem Adoptionsvertrag ab, in dem die Rechte und Pflichten beider Parteien klar festgelegt sind.

f) Im Falle der Zusammenarbeit mit Pflegestellen sind die Rechte und Pflichten beider Parteien im Vertrag festzuhalten.

g) Die Tiere sind gemäß den geltenden Vorschriften zu kennzeichnen.

h) Falls die Tiere in einem Schutzzentrum untergebracht werden, müssen sie über die entsprechende Genehmigung oder Lizenz verfügen, um einen rechtmäßig eingerichtete zoologische Einrichtung zu bilden.

i) Sie müssen das Wohlergehen und die hygienisch-sanitären Bedingungen der untergebrachten Tiere, die Angemessenheit der Räumlichkeiten, die Sicherheitsmaßnahmen, die Ausbildung des Personals, die Registrierung der Tiere und die tierärztliche Versorgung sicherstellen.

j) Sie müssen über eine gültige Haftpflichtversicherung verfügen, die ihre Tätigkeit abdeckt.

k) Mindestens ein Mitglied des Vorstandes oder des Leitungsgremiums der Organisation muss über die in der Verordnung festgelegte Qualifikation verfügen.

l) Sie müssen über eine behördliche Genehmigung für das Einsammeln von herrenlosen oder streunenden Tieren in dem Gebiet verfügen, in dem sie ihre Tätigkeit ausüben.

ARTIKEL 45: TIERSCHUTZORGANISATIONEN VOM TYP RAD

Einrichtungen vom Typ RAD sind solche, die sich der Rettung und Wiedereingliederung von Tieren widmen, die zwar Nutztiere sind, aber nicht für kommerzielle oder gewinnorientierte Zwecke bestimmt sind. Diese Organisationen müssen den folgenden Verpflichtungen nachkommen:

a) Sie müssen der zuständigen Verwaltung einen Jahresbericht vorlegen, der eine finanzielle Übersicht über ihre Tätigkeit und ein Register der von ihnen betreuten Tiere enthält.

b) Sie müssen über die entsprechende Genehmigung oder Lizenz verfügen, um eine rechtmäßig eingerichtete zoologische Einrichtung als ständiges Tierheim zu betreiben.

c) Gewährleistung des Wohlergehens und der hygienisch-sanitären Bedingungen der untergebrachten Tiere, der Angemessenheit der Räumlichkeiten, der Sicherheitsmaßnahmen, der Ausbildung des Personals, der Registrierung der Tiere und der tierärztlichen Versorgung.

d) Sie müssen über eine gültige Haftpflichtversicherung verfügen, die ihre Tätigkeit abdeckt.

e) Mindestens ein Mitglied des Vorstandes oder des Leitungsgremiums der Organisation muss über eine in der Verordnung festgelegte Qualifikation verfügen.

f) Die Tiere sind ständig zu kennzeichnen.

g) Ergreifung der erforderlichen Maßnahmen, um die Vermehrung der dort lebenden Tiere zu verhindern, wobei die Merkmale der einzelnen Arten berücksichtigt werden müssen.

h) den Tieren einen stabilen Raum zur Verfügung zu stellen, in dem sie bis zu ihrem Tod mit anderen Tieren zusammenleben können, es sei denn, sie werden an eine andere RAD-artige Einrichtung abgegeben.

i) Innerhalb der ersten fünfzehn Kalendertage ist die zuständige Behörde über den Zustand jedes eingesammelten Tieres zu unterrichten.

ARTIKEL 46:
TIERSCHUTZORGANISATIONEN
VOM TYP RAS

Einrichtungen vom Typ RAS sind solche, die sich der Rettung und Rehabilitation von Wildtieren aus der Gefangenschaft widmen. Diese Einrichtungen müssen die folgenden Verpflichtungen einhalten

a) Sie müssen der zuständigen Verwaltung einen Jahresbericht vorlegen, der eine finanzielle Übersicht über ihre Tätigkeit und ein Register der von ihnen betreuten Tiere enthält.

b) Sie müssen über die entsprechende Genehmigung oder Lizenz verfügen, um eine rechtmäßig eingerichtete zoologische Einrichtung zu bilden.

c) Sie müssen über eine gültige Haftpflichtversicherung verfügen, die ihre Tätigkeit abdeckt.

d) Sie müssen in ihrer Satzung den Schutz von Wildtieren, die nicht in Gefangenschaft gehalten werden dürfen oder die in ihrem Lebensraum nicht allein überleben können und auf Dauer in Gefangenschaft bleiben müssen, festgeschrieben haben.

e) Bei der Haltung von Tieren, die im Katalog der invasiven gebietsfremden Arten aufgeführt sind, ist deren Vermehrung zu vermeiden und sie sind bis zu ihrem Tod in Einrichtungen gefangen zu halten, die Garantien bieten, dass sie nicht entweichen können.

f) Die Tiere sind in einer natürlichen und angereicherten Umgebung zu halten, die den Merkmalen ihrer Art entspricht.

g) Den Tieren ist ein stabiler Raum zu bieten, in dem sie bis zu ihrem Tod mit anderen Tieren zusammenleben können, es sei denn, sie werden an eine andere Einrichtung des Typs RAS oder ausnahmsweise an Erhaltungseinrichtungen mit den gleichen Garantien wie die für diese vorgesehenen abgegeben.

h) Gewährleistung des Wohlergehens und der hygienisch-sanitären Bedingungen der untergebrachten Tiere, der Angemessenheit der Räumlichkeiten, der Sicherheitsmaßnahmen, der Ausbildung des Personals, der Registrierung der Tiere und der tierärztlichen Versorgung.

ARTIKEL 47: TIERSCHUTZORGANISATIONEN VOM TYP GCOF

Einrichtungen vom Typ GCOF sind Einrichtungen, die an der Verwaltung von Katzenkolonien von Gemeinschaftskatzen mitwirken. Diese Einrichtungen müssen den folgenden Verpflichtungen nachkommen:

a) Vorlage eines Jahresberichts bei der zuständigen Verwaltung, einschließlich eines Finanz- und Verwaltungsberichts.

b) Zusammenarbeit mit den lokalen Einrichtungen bei der Umsetzung und Entwicklung von Programmen zur Verwaltung von Katzenkolonien in Übereinstimmung mit den Bestimmungen dieses Gesetzes.

c) Sie muss über eine Verwaltungsgenehmigung für die Ausübung dieser Tätigkeit in dem Gebiet verfügen, in dem sie ausgeübt wird.

ARTIKEL 48:
TIERSCHUTZORGANISATIONEN
VOM TYP DEF

Einrichtungen vom Typ DEF sind Einrichtungen, die sich der Sensibilisierung, der Förderung der Adoption und dem rechtlichen Schutz von Tieren widmen. Diese Einrichtungen müssen einen jährlichen Finanz- und Tätigkeitsbericht vorlegen.

ARTIKEL 49: EINTRAGUNG IN DAS REGISTER DER TIERSCHUTZORGANISATIONEN

1. Die Eintragung von Organisationen in das Register der Tierschutzorganisationen ist obligatorisch, um Zugang zu den in Abschnitt 2 dieses Artikels vorgesehenen Genehmigungen und Programmen zu erhalten. Sie obliegt den Autonomen Gemeinschaften bei der Ausarbeitung und Durchführung der Vorschriften im Rahmen der vom Staat durch Verordnung geschaffenen Grundlagen, unbeschadet der Tatsache, dass jede Eintragung der Allgemeinen Staatsverwaltung zwecks notwendiger Koordinierung mitgeteilt werden muss, so dass ab dem Zeitpunkt der Aufnahme der Eintragung in das staatliche Register in den Autonomen Registern die entsprechenden Eintragungen in ganz Spanien wirksam werden.

2. Die Eintragung in das Register der Tierschutzorganisationen ermöglicht den Organisationen den Zugang zum Tierschutzregistersystem sowie zu den von den öffentlichen Verwaltungen verwalteten Förderprogrammen.

3. In den Verordnungen werden die Anforderungen festgelegt, die von den im vorhergehenden Artikel genannten Organisationen erfüllt werden müssen, um in das Register der Tierschutzorganisationen aufgenommen zu werden.

ARTIKEL 50: PERSONAL IM DIENST VON TIERSCHUTZORGANISATIONEN

1. Tierschutzorganisationen können über freiwilliges oder vertraglich gebundenes Personal verfügen.

2. Die Beziehung zwischen dem freiwilligen Personal und der Tierschutzorganisation muss den Bestimmungen des Gesetzes 45/2015 vom 14. Oktober über die Freiwilligenarbeit entsprechen und wird durch einen Freiwilligenvertrag geregelt, in dem die Rechte und Pflichten beider Parteien festgelegt werden, ohne dass in jedem Fall eine Vergütung vorgesehen ist. Die Ausbildung der ehrenamtlichen Mitarbeiter für den Kontakt mit den Tieren muss von der für die Ausbildung zuständigen Person der Tierschutzorganisation durchgeführt werden.

3. Das als Arbeitnehmer eingestellte Personal muss den Bestimmungen der Arbeits- und Sozialversicherungsvorschriften entsprechen, insbesondere der überarbeiteten Fassung des Gesetzes über das Arbeitnehmerstatut, das durch den Königlichen Gesetzeserlass 2/2015 vom 23. Oktober gebilligt wurde, der überarbeiteten Fassung des Allgemeinen Gesetzes über die soziale Sicherheit, das durch den Königlichen Gesetzeserlass 8/2015 vom 30. Oktober gebilligt wurde, dem Gesetz 31/1995 vom 8. November und seinen Durchführungsbestimmungen. Das von einer Tierschutzorganisation beauftragte Personal, das mit Tieren in Kontakt kommt, muss die in Artikel 35 genannten Qualifikationsanforderungen erfüllen.

TITEL III

ZUCHT, HANDEL, IDENTIFIZIERUNG, ÜBERTRAGUNG UND TRANSPORT

KAPITEL I ZUCHT, HANDEL, KENNZEICHNUNG UND WEITERGABE VON HEIMTIEREN

ARTIKEL 51: KENNZEICHNUNG VON HEIMTIEREN

1. Heimtiere werden von einem qualifizierten Tierarzt nach einem durch Verordnung festzulegenden System und Verfahren individuell gekennzeichnet, je nachdem, was für die einzelnen Arten festgelegt ist. Die Erstkennzeichnung der Tiere darf nur auf den Namen eines eingetragenen Züchters, einer Tierschutzorganisation oder einer befugten öffentlichen Verwaltung erfolgen, wobei die Möglichkeit einer späteren Übertragung auf andere natürliche oder juristische Personen unter den in diesem Gesetz vorgesehenen Bedingungen besteht.

2. Unbeschadet des Vorstehenden werden Hunde, Katzen und Frettchen sowie Vögel obligatorisch mit einem Mikrochip gekennzeichnet oder von Geburt an durch Beringung identifiziert. Die Registrierung aller Heimtiere erfolgt im Heimtierregister jeder Autonomen Gemeinschaft.

3. Heimtiere, die durch eine Verordnung festgelegt werden, und in jedem Fall Hunde, Katzen und Frettchen, die von einem registrierten Züchter als Zuchttiere verwendet werden, müssen als Zuchttiere im Heimtierregister eingetragen werden.

4. Hunde, Katzen und Frettchen, die aus anderen Ländern der Europäischen Union kommen, müssen das Original ihres Ausweises, der ihren Identifizierungscode enthält, nachweisen, und dieser Ausweis darf nicht durch andere anerkannte Identifizierungsdokumente ersetzt werden, unbeschadet der obligatorischen Eintragung in das Register für Heimtiere zum Zeitpunkt ihres Erwerbs mit den Angaben der Person, die sich um sie kümmert.

ARTIKEL 52: ALLGEMEINE BEDINGUNGEN

1. Es ist verboten, Tiere, die nicht in der Positivliste für Heimtiere aufgeführt sind, zu züchten oder als Heimtiere zu vermitteln.

2. Der registrierte Züchter, die Verkaufseinrichtung oder die Tierschutzorganisation hat sich durch den Tierarzt, der die Weitergabe registriert, zu vergewissern, daß der Empfänger nicht mit einem Verbot der Tierhaltung belegt ist.

3. Bei Hunden überprüft der eingetragene Züchter, die Verkaufseinrichtung oder die Tierschutzorganisation gegebenenfalls auch, ob der künftige Eigentümer den in Artikel 30 genannten Lehrgang für die Haltung von Heimtieren absolviert hat.

ARTIKEL 53: ZUCHT VON HEIMTIEREN

1. Die Tätigkeit der Zucht von Heimtieren darf nur von Personen ausgeübt werden, die ordnungsgemäß im Register der Heimtierzüchter eingetragen sind.

2. Besitzer von Heimtierarten, deren individuelle Kennzeichnung nach geltendem Recht obligatorisch ist und die eine nichtgewerbliche Zuchttätigkeit ausüben wollen, wie z. B. die gelegentliche Zucht oder andere, die durch eine Verordnung entwickelt werden können, müssen die Tiere obligatorisch als Zuchttiere im Register der Heimtierzüchter registrieren lassen. Diese Eintragung führt automatisch zur Eintragung des Eigentümers in das Register der Heimtierzüchter in der entsprechenden Kategorie.

3. Jede Person, die mit der Zucht von Heimtieren betraut ist, muss die in der Verordnung festgelegte Ausbildung absolvieren, um ihre Tätigkeit entsprechend der Kategorie des Züchters, in der sie eingetragen ist, ausüben zu können.

4. Die Bedingungen für die Zulassung der Zuchttätigkeit, die Art der zugelassenen Züchter, die Periodizität und die Bedingungen der züchtenden Personen werden durch eine Verordnung festgelegt.

5. Die Räume, in denen Heimtiere gezüchtet werden, müssen je nach ihrer Kategorie die in den Vorschriften für Zoos festgelegten Raum- und Unterbringungsbedingungen einhalten.

ARTIKEL 54: EINTRAGUNG IN DAS REGISTER DER HEIMTIERZÜCHTER

1. Die Eintragung in das Register der Heimtierzüchter bedeutet die offizielle Erlangung des Status und stellt nach Bestätigung durch die zuständige Verwaltung die Genehmigung für die Ausübung ihrer Tätigkeit dar. Die Durchführung des Registers obliegt den Autonomen Gemeinschaften im Rahmen der vom Staat durch Verordnung festgelegten Grundlagen, unbeschadet der Tatsache, dass jede Eintragung der Allgemeinen Staatsverwaltung zwecks notwendiger Koordinierung mitgeteilt werden muss, so dass ab dem Zeitpunkt der Eintragung in das Allgemeine Register die entsprechenden Eintragungen im Autonomen Register in ganz Spanien wirksam werden.

2. Im Falle von Züchtern nicht kommerzieller Kategorien, wie z.B. Gelegenheitszüchter oder andere, die durch eine Verordnung zu bestimmen sind, erfolgt die Eintragung als Züchter in das Register der Heimtierzüchter automatisch zum Zeitpunkt der Übertragung auf den Namen des Eigentümers des ersten als Züchter eingetragenen Tieres oder nach der Eintragung als Züchter des ersten Tieres, das sich bereits in seinem Besitz befindet, gemäß den für Zuchttiere obligatorischen Bestimmungen des Artikels 51.3 und unbeschadet der Verpflichtungen, die ihnen je nach ihrer Kategorie entsprechen.

3. Die Eintragung in das Züchterregister berechtigt die für die Zucht und den Verkauf von Heimtieren verantwortlichen Personen zum Zugang zu allen für sie bestimmten Förderprogrammen gemäß den geltenden Vorschriften.

ARTIKEL 55: VERKAUF VON HEIMTIEREN

1. Der Verkauf von Hunden, Katzen und Frettchen darf nur direkt vom eingetragenen Züchter ohne Einschaltung von Zwischenhändlern durchgeführt werden.

2. Für den Verkauf eines Heimtieres ist ein schriftlicher Kaufvertrag abzuschließen, der die durch Verordnung festzulegenden Mindestklauseln enthalten muss.

3. Die für den Verkauf von Heimtieren verantwortliche Person muss die Tiere in einem guten Gesundheitszustand und mit den je nach Alter und Art vorgeschriebenen Behandlungen liefern, unbeschadet ihrer Verpflichtung, für verborgene Mängel oder Fehler des Tieres gemäß den in den Artikeln 1484 ff. des Bürgerlichen Gesetzbuches festgelegten Bedingungen zu haften.

4. Der Verkauf von Tieren, die nicht gemäß den geltenden Vorschriften gekennzeichnet sind, ist verboten. Das Tier muss vor der Transaktion auf den Namen des Verkäufers registriert worden sein. Tiere, die nicht über ein individuelles Kennzeichnungssystem verfügen, dürfen nur in Zoohandlungen verkauft werden.

5. Vor dem Verkauf eines Tieres muss die für den Verkauf verantwortliche Person die Person, die das Tier erhält, schriftlich über alle wesentlichen Merkmale des abzugebenden Tieres informieren: Herkunft des Tieres, einschließlich Name und Registriernummer des Zwingers, Rasse, Geschlecht, Alter, seine Eigenschaften und Anforderungen an Pflege und Umgang, einschließlich der tierärztlichen Versorgung, sowie die Pflichten des Käufers. Der Verkäufer muss die Unterlagen mindestens drei Jahre lang aufbewahren, um zu beweisen, dass diese Mitteilung erfolgt ist.

6. Der Verkauf muss dem Heimtierregister innerhalb von drei Werktagen nach dem Verkauf gemeldet werden.

7. Hunde und Katzen müssen zum Zeitpunkt des Verkaufs mindestens zwei Monate alt sein, vorausgesetzt, der Verkauf erfolgt aus der als Geburtsort angegebenen zoologischen Einrichtung. Sie können aus einer anderen, als der als Geburtsort angegebenen Einrichtung verkauft werden, sobald das Tier das Alter von vier Monaten erreicht hat. Das Alter, in dem die Nachkommen anderer Arten verkauft werden dürfen, kann durch Vorschriften eingeschränkt werden.

ARTIKEL 56: VERKAUF IN ZOOHANDLUNGEN

Der Betrieb muss über eine physische Trennung zwischen den Durchgangsbereichen und den Tieranlagen verfügen, so dass der Zugang der Öffentlichkeit zu den Tieren eingeschränkt ist und diese nur unter direkter Aufsicht des Personals des Betriebs mit den Tieren in Berührung kommen.

ARTIKEL 57: ONLINE VERKAUF UND WERBUNG FÜR DEN VERKAUF VON HEIMTIEREN

1. Der Direktverkauf von Heimtieren jeglicher Art über das Internet, Webportale oder andere Telematikmedien oder -anwendungen ist verboten.

2. Bei der Werbung für Tiere über die Medien, Zeitschriften, ähnliche Veröffentlichungen und andere Verbreitungssysteme wie das Internet müssen die Registrierungsnummer des Züchters oder der zoologischen Einrichtung der Verkaufseinrichtung sowie gegebenenfalls die Kennnummer des Tieres in der Anzeige angegeben werden. Die Plattformen überprüfen den Wahrheitsgehalt der vom Verkäufer gemachten Angaben.

ARTIKEL 58 WEITERGABE UND ADOPTION VON HEIMTIEREN

1. Die Weitergabe oder Adoption von nicht identifizierten Tieren unter den in diesem Gesetz festgelegten Bedingungen ist verboten.

2. Die unentgeltliche Überlassung eines Heimtieres muss von einem Überlassungsvertrag begleitet sein, in dem diese Bedingung festgelegt ist.

3. Die Abgabe von Hunden, Katzen und Frettchen unter acht Wochen ist nicht zulässig.

4. Die Abgabe von Heimtieren zur Adoption darf nur von öffentlichen Tierschutzzentren oder eingetragenen Tierschutzorganisationen vorgenommen werden und muss von einem Adoptionsvertrag begleitet sein, der durch Verordnung festzulegende Mindestklauseln enthält.

5. In den Fällen, in denen die Adoption durch eine gewerbliche Einrichtung vermittelt wird, dürfen die Tiere nicht in deren Räumlichkeiten übernachten und verbleiben.

6. Hat eine eingetragene Tierschutzorganisation mit einer Zoohandlung einen Partnerschaftsvertrag über die Unterbringung und Ausstellung von Heimtieren zur Adoption geschlossen, so können diese unter den folgenden Bedingungen dauerhaft in den Räumlichkeiten der Zoohandlung untergebracht werden:

a) Die Räumlichkeiten, in denen sie untergebracht sind, müssen ausschließlich für Adoptivtiere bestimmt sein, mit einer entsprechenden Beschilderung versehen sein, sich in einem vom Verkaufsbereich der sonstigen Produkte getrennten Raum befinden und die in den Vorschriften für Heimtierzoos festgelegten Mindestbedingungen erfüllen.

b) Die Adoption wird von der Tierschutzorganisation und unter ihrer Verantwortung durchgeführt, unbeschadet der Tatsache, dass die Verkaufsstelle bei der Information und dem Austausch von Informationen zwischen der Organisation und dem Adoptierenden mitwirken kann.

c) Die Verkaufsstelle darf kein Entgelt für den Aufenthalt oder die Adoption der Tiere erhalten.

7. Bei der Adoption werden dem neuen Besitzer alle verfügbaren Informationen über die Herkunft des Tieres, seine Eigenschaften und eine Bescheinigung des für das Zentrum zuständigen Tierarztes oder eines Tierarztes ausgehändigt, in der die Behandlungen, Richtlinien und die Pflege, die das Tier erhalten muss, sowie die Verantwortung, die der Adoptierende übernimmt, beschrieben sind.

8. Die zu adoptierenden Tiere müssen die vorgeschriebenen Präventiv-

oder Heilbehandlungen erhalten haben, identifiziert und sterilisiert sein oder eine Verpflichtung zur Sterilisation innerhalb einer bestimmten Frist haben, wenn gesundheitliche Gründe vorliegen, die eine Sterilisation zum Zeitpunkt der Adoption nicht ratsam erscheinen lassen.

9. Die Adoption darf auf keinen Fall Gegenstand einer kommerziellen Transaktion sein, unbeschadet der Möglichkeit, eine Entschädigung für die grundlegenden tierärztlichen Kosten zu verlangen.

KAPITEL II TRANSPORT VON TIEREN

ARTIKEL 59 ALLGEMEINE BEDINGUNGEN FÜR DEN TRANSPORT

1. Unbeschadet der Anwendung der einschlägigen Rechtsvorschriften hat die für die Tiere verantwortliche Person beim Transport für die Einhaltung der folgenden allgemeinen Bedingungen zu sorgen:

a) Die Tiere müssen für die vorgesehene Beförderung geeignet sein.

b) Alle physiologischen und ethologischen Bedürfnisse der Tiere müssen erfüllt sein.

c) Das Transportmittel oder der Container, auch wenn es sich um ein privates Fahrzeug handelt, muss über ein Klima- und Belüftungssystem verfügen, um die Tiere in ihrem Komfortbereich zu halten, wobei die Container so anzuordnen sind, dass alle Tiere die gleichen Klima- und Belüftungsbedingungen haben. Die Transportmittel sollten der Tierart, der Größe und den physiologischen Bedürfnissen der Tiere angemessen sein und genügend Platz bieten, um eine Überfüllung zu vermeiden und die Verkehrssicherheit sowie die Sicherheit der Tiere während des Transports zu gewährleisten.

d) Die Transportmittel sowie die Be- und Entladeeinrichtungen sind so konzipiert, gebaut, gewartet und betrieben, dass Verletzungen und Leiden der Tiere vermieden und ihre Sicherheit gewährleistet werden.

e) Die Tiere werden vor widrigen Umständen geschützt, insbesondere werden sie nicht unbeaufsichtigt im Transportmittel oder Behältnis unter Bedingungen gelassen, die ihrer Sicherheit oder Gesundheit abträglich sein können.

f) Die Tiere müssen in ausreichenden Abständen und unter Bedingungen transportiert werden, die ihrer Art und Größe in Bezug auf Menge und Qualität angemessen sind und mit Wasser, Futter und Ruhezeiten versorgt werden.

() Alle gewerblichen Tiertransporte müssen über einen Notfallplan für den Fall von Unfällen oder unvorhergesehenen Umständen verfügen, die die Gesundheit oder Unversehrtheit der Tiere beeinträchtigen können.

ARTIKEL 60 TRANSPORT VON HEIMTIEREN

1. Die Beförderung von Heimtieren, die nicht den in Artikel 59 festgelegten Bedingungen entsprechen, ist verboten.

2. Müssen Heimtiere in abgestellten Fahrzeugen untergebracht werden, so sind geeignete Maßnahmen zu treffen, um eine angemessene Belüftung und Temperatur zu gewährleisten.

3. Werden Heimtiere im Rahmen einer wirtschaftlichen oder beruflichen Tätigkeit befördert und sind sie nicht in Begleitung ihres Eigentümers, so muss der Fahrer oder die Begleitperson unbeschadet der Bestimmungen des vorstehenden Artikels im Besitz von Unterlagen sein, aus denen hervorgeht, dass er oder sie das Tier am Bestimmungsort in Obhut nimmt. Wird das Tier trotzdem nicht am Bestimmungsort in Empfang genommen oder kann die Reise aus irgendeinem Grund nicht fortgesetzt werden, so ist der Beförderer oder die Person, die die Verantwortung für das Tier übernommen hat, verpflichtet, die geeigneten Maßnahmen zu ergreifen, um die ordnungsgemäße Versorgung des Tieres zu gewährleisten.

4. Bei einem Transport im Sinne des vorstehenden Absatzes mit Ursprung oder Bestimmungsort in Spanien oder in einem anderen Mitgliedstaat der Europäischen Union muss der Besitzer bei der zuständigen Tiergesundheitsbehörde die entsprechende innergemeinschaftliche Tierverbringungsbescheinigung beantragen.

5. Es ist verboten, lebende Tiere per Post, Kurierdienst oder ähnlichem zu versenden, es sei denn, der Transport wird von Einrichtungen durchgeführt, die sich auf den gewerbsmäßigen Transport von Tieren spezialisiert haben und die deren Pflege während der Verbringung gewährleisten. Ausgenommen von diesem Verbot ist der Transport von lebenden Tieren, die für den Versand in luftdichten Behältern geeignet sind, sofern der Transporteur und das Fahrzeug als Tiertransporter registriert sind, die Behälter geeignet sind, optimale Parameter für 48 Stunden aufrechtzuerhalten, wasserdicht und isoliert sind und Mittel zur Aufrechterhaltung einer optimalen Temperatur enthalten und mit einem Protokoll für die Rücksendung an den Herkunftsort von höchstens 48 Stunden ab Beginn der Sendung versandt werden.

6. Unbeschadet der Bestimmungen der Straßenverkehrsordnung müssen Heimtiere in speziell angepassten Abteilen transportiert werden, es sei denn, sie werden im selben Raum wie die für sie verantwortliche Person befördert.

ARTIKEL 61: HEIMTIERE AUS DER EUROPÄISCHEN UNION ODER AUS DRITTLÄNDERN

1. Die für die Einfuhr von Heimtieren verantwortliche Person muss zum Zeitpunkt der Einreise in das nationale Hoheitsgebiet über die Unterlagen verfügen, die den Nachweis ermöglichen, dass das Tier die gesetzlichen Anforderungen für die Haltung als Heimtier erfüllt, einschließlich der in diesem Gesetz festgelegten Bedingungen, sowie über die Herkunft des Tieres und die Angaben zum Endempfänger, sei es ein privater Eigentümer, eine Einrichtung, die Tiere verkauft, oder eine für die Tätigkeit der Zucht und des Verkaufs von Heimtieren verantwortliche Person, die im entsprechenden Register eingetragen ist, unbeschadet anderer gesetzlicher Anforderungen. Bei identifizierbaren Tieren gemäß den geltenden Vorschriften müssen sie innerhalb von höchstens 72 Stunden nach ihrer Ankunft auf den Namen des Endempfängers im Heimtierregister eingetragen werden. Im Falle von Heimtieren, die dem nicht in Spanien ansässigen Reisenden gehören, der sie transportiert, gilt die in diesem Abschnitt genannte Verpflichtung als erfüllt, wenn die einschlägigen Vorschriften der Europäischen Union eingehalten werden. Für die Einreise von Heimtieren, die ihre Besitzer begleiten, gelten die besonderen Vorschriften.

2. Wird dem Tier aus irgendeinem Grund die Einfuhr durch den Zoll verweigert, so trifft das für den Transport verantwortliche Unternehmen geeignete Maßnahmen, um sicherzustellen, dass das Tier angemessen versorgt wird. In jedem Fall ist der Umstand der Zurückweisung durch den Zoll in den Notfallplan gemäß Artikel 59 Absatz 2 aufzunehmen.

3. Heimtiere, die in das spanische Hoheitsgebiet verbracht werden, sowie diejenigen, die ausgeführt werden, müssen die in den entsprechenden Vorschriften der Europäischen Union und der Mitgliedstaaten festgelegten Anforderungen in Bezug auf Kennzeichnung, Alter, Impfung und obligatorische tierärztliche Behandlung, insbesondere die Tollwutimpfung, erfüllen.

4. Dem Antrag auf Eintragung in das Haustierregister sind die Unterlagen beizufügen, aus denen die oben genannten Umstände hervorgehen.

TITEL IV

VERWENDUNG VON TIEREN BEI KULTURELLEN UND FESTLICHEN VERANSTALTUNGEN

ARTIKEL 62: TIERE BEI FILMAUFNAHMEN UND DARSTELLENDEN KÜNSTEN

Die Einbeziehung von Tieren in Bühnenaufführungen oder Filmaufnahmen für Kino oder Fernsehen oder andere audiovisuelle Medien erfordert eine verantwortungsvolle Erklärung gegenüber der zuständigen Behörde, in der die Kennzeichnung der beteiligten Tiere, die Dreh- oder Aufführungszeiten, die physischen Bedingungen, die das Wohlergehen der Tiere während der Dreharbeiten gewährleisten, und die Angaben zu den Personen, die für das Wohlergehen der Tiere verantwortlich sind, anzugeben sind.

ARTIKEL 63: SZENEN SIMULIERTER MISSHANDLUNG IN FILMEN UND DARSTELLENDEN KÜNSTEN

1. Die Darstellung oder das Filmen von Szenen mit Tieren für Theater, Kino oder Fernsehen oder andere audiovisuelle Medien oder darstellende Künste oder fotografische Aufnahmen zu Werbezwecken, die Szenen beinhalten, in denen Grausamkeit, Misshandlung, Leiden oder Tod der Tiere dargestellt werden, müssen in jedem Fall auf simulierte Weise erfolgen und dürfen keine Situationen extremen Stresses oder übermäßiger körperlicher Anstrengung für die Tiere beinhalten, und die verwendeten Produkte und Mittel dürfen dem Tier keinen Schaden zufügen.

2. Für das Filmen oder die Darstellung der im vorstehenden Abschnitt genannten Szenen ist eine vorherige Genehmigung der zuständigen Stelle der Autonomen Gemeinschaft sowie die Registrierung aller Daten des Tieres, der Dreh- oder Darstellungszeiten und der Daten der für das Wohlergehen des Tieres verantwortlichen Personen erforderlich. Bei allen Dreharbeiten muss die Anwesenheit von Tierärzten, die auf die zu verwendenden Tierarten (Heim- oder Wildtiere) spezialisiert sind, gewährleistet werden, die garantieren und bescheinigen, dass die verwendeten Tiere nicht leiden.

3. Bei der Vorführung von Filmmaterial ist ausdrücklich darauf hinzuweisen, dass die in diesem Werk genannten Szenen simuliert werden und dass den Tieren keine Schäden oder Leiden zugefügt wurden.

4. Ungeachtet des Vorstehenden sind bei Film-, Fernseh-, Internet-, Foto-, Kunst- oder Werbeproduktionen sowie bei allen anderen audiovisuellen Medien nach Möglichkeit technische Alternativen zu verwenden, die keine Verwendung echter Tiere erfordern.

ARTIKEL 64: MESSEN, AUSSTELLUNGEN UND WETTBEWERBE

1. Tiere, die an Messen, Märkten, Ausstellungen und Wettbewerben oder Ähnlichem teilnehmen, müssen gut gefüttert und getränkt werden, wobei ihnen bei Bedarf frisches Wasser und Futter sowie ein angemessener Raum zum Schutz vor schlechtem Wetter zur Verfügung stehen müssen.

2. Bei Tierschauen oder Wettbewerben, die in den Geltungsbereich dieses Gesetzes fallen, sind folgende Anforderungen zu erfüllen:

a) Bei Ausstellungen und Wettbewerben muss mindestens eine Person mit einem Abschluss oder Diplom in Veterinärmedizin anwesend sein, die für die Überwachung der Gesundheit und des Wohlergehens der Tiere während der Veranstaltung sowie für die Bereitstellung von tierärztlicher Notfallhilfe in allen auftretenden Situationen verantwortlich ist. Es ist zwingend erforderlich, dass dem Veterinärteam alle notwendigen Mittel zur Verfügung stehen, um Notfallsituationen in Übereinstimmung mit den Umständen der Veranstaltung und den Bestimmungen der einschlägigen lokalen oder regionalen Vorschriften zu bewältigen.

b) Tiere, die an Ausstellungen und Wettbewerben teilnehmen, müssen entsprechend ihrer Größe und den vorherrschenden Temperaturverhältnissen so untergebracht sein, dass sie sich ohne Stress ausruhen können.

c) Bei Heimtieren müssen alle Teilnehmer an Ausstellungen oder Wettbewerben identifiziert und in das Heimtierregister eingetragen werden, wie es die Vorschriften vorsehen.

3. Vögel, die an Flugvorführungen teilnehmen, müssen über einen separaten Raum verfügen, der eine Schall- und Lichtisolierung gewährleistet, in dem sie sich in Ruhe aufhalten können. Sie dürfen sich unter keinen Umständen in der Nähe des Publikums aufhalten und dürfen nicht mit diesem fotografiert werden.

ARTIKEL 65 WALLFAHRTEN, FESTVERANSTALTUNGEN, KRIPPENSPIELE, UMZÜGE UND PROZESSIONEN

1. Die Tiere, die bei Wallfahrten und festlichen Veranstaltungen verwendet werden, müssen sich in einem optimalen hygienisch-sanitären Zustand befinden und während der Dauer der Aktivität muß ein optimales Wohlbefinden der Tiere gewährleistet werden, wobei die Bedürfnisse der einzelnen Tierarten und die zu diesem Zeitpunkt bestehenden Umweltbedingungen zu berücksichtigen sind. Während der Aktivität muss darauf geachtet werden, dass die beteiligten Tiere in guter körperlicher Verfassung sind, wobei unter anderem Verhaltensindikatoren des Tieres oder Anzeichen, die auf ein Ruhebedürfnis hinweisen können, insbesondere in den Monaten mit hohen Temperaturen, zu berücksichtigen sind.

2. Bei Wallfahrten und festlichen Veranstaltungen müssen Aufenthaltsorte vorhanden sein, an denen die für diese Veranstaltungen verwendeten Tiere ruhen und trinken können.

3. Die Personen, die diese Tiere besitzen oder für sie verantwortlich sind, gewährleisten die Kontrolle der Ruhezeiten, des Gesundheitszustands und der Dokumentation.

4. Die Verwendung von Tieren in mechanischen Fahrgeschäften oder Karussells ist verboten.

5. Die Verwendung von Tieren bei Krippenausstellungen, Paraden oder Umzügen, bei denen das Tier in einer Weise gehalten wird, die mit seinem Wohlergehen angesichts der Merkmale seiner Art unvereinbar ist, oder bei denen es für die Dauer der Veranstaltung ruhig gestellt wird, ist verboten.

6. Die Verwendung von Tieren bei Wallfahrten und festlichen Veranstaltungen ist verboten, wenn übermäßige Temperaturen festgestellt werden.

7. Die Verwendung von Tieren bei Wallfahrten und festlichen Veranstaltungen, bei denen Pyrotechnik verwendet wird, ist verboten.

8. Die Vorschriften legen die Zeiten, Orte und Ruhemöglichkeiten für Haustiere fest, die bei Wallfahrten und festlichen Veranstaltungen eingesetzt werden, und zwar je nach Tätigkeit, Tierart und sonstigen Umgebungsbedingungen, die bei der Handhabung und Pflege des Tieres jederzeit strikt zu beachten sind. Ebenso werden die Temperaturbereiche festgelegt, in denen die Verwendung von Heimtieren bei Wallfahrten und Festveranstaltungen zulässig ist.

TITEL V

INSPEKTION UND ÜBERWACHUNG

ARTIKEL 66
INSPEKTIONSFUNKTION

1. Die zuständigen Stellen der Autonomen Gemeinschaften und der Städte Ceuta und Melilla sowie der lokalen Gebietskörperschaften sind für die Inspektion und Überwachung der Einrichtungen der Tierschutzzentren und der in ihnen ständig oder vorübergehend untergebrachten Tiere sowie der Veterinärzentren, Zoos, Unterkünfte, Zentren für die Zucht und den Verkauf, die Ausbildung und die vorübergehende Pflege von Tieren oder jeder anderen Art von Einrichtung, in der Tiere untergebracht sind, unabhängig von der Dauer ihrer Unterbringung, ihrem Zweck und ihrem Eigentum, sowie der Tiertransportunternehmen zuständig.

2. Unbeschadet dessen kann die zuständige Ministerialabteilung in begründeten Fällen und nach einem befürwortenden Bericht des wissenschaftlich-technischen Ausschusses für Tierschutz und Tierrechte ausnahmsweise an die autonome Gemeinschaft oder die Gebietskörperschaft herantreten und sie auffordern, die Inspektion jeder Einrichtung oder jedes Ortes, an dem Tiere gehalten werden, durchzuführen, wenn sie Kenntnis von Situationen hat, in denen Tiere misshandelt oder nicht ausreichend geschützt werden, oder wenn die Situation möglicher Misshandlung mehr als eine autonome Gemeinschaft betrifft, und sie kann auch die Staatsanwaltschaft über alle ihr bekannten vorschriftswidrigen Situationen unterrichten, in denen es Anhaltspunkte für eine Straftat gibt.

3. Erhält die zuständige Ministerialabteilung auf irgendeinem Weg Kenntnis von der vermuteten Begehung von Verstößen gegen Tierschutzvorschriften, so unterrichtet sie unverzüglich die zuständige Behörde und kann verlangen, dass ihr die begründete Entscheidung über die Einleitung eines Verfahrens mitgeteilt wird.

4. Die Eröffnung eines Tierschutzzentrums oder einer Tierschutzeinrichtung im Sinne des ersten Abschnitts dieses Artikels unterliegt unabhängig davon, ob eine finanzielle Gegenleistung für ihre Dienstleistungen erbracht wird, dem Genehmigungs- und Kontrollsystem, das von den autonomen Gemeinschaften und den Städten Ceuta und Melilla sowie gegebenenfalls von den lokalen Körperschaften gemäß den Bestimmungen des Gesetzes 17/2009 vom 23. November über den freien Zugang zu Dienstleistungstätigkeiten und deren Ausübung eingerichtet wurde.

5. Die Inspektionstätigkeit obliegt den mit dieser Aufgabe betrauten Beamten, unbeschadet der Tatsache, dass sie über die entsprechende Regierungsbehörde im Rahmen ihrer jeweiligen Zuständigkeiten die erforderliche Unterstützung durch den Naturschutzdienst der Guardia Civil, die Nationale Polizei, die Autonome und Lokale Polizei und die Umwelt- und

DAS SPANISCHE TIERSCHUTZGESETZ VOM 28. MÄRZ 202...

Forstbeamten sowie jede andere vergleichbare Behörde anfordern können, unbeschadet der ergänzenden Maßnahmen, die von der Allgemeinen Staatsverwaltung in ihrem eigenen Zuständigkeitsbereich durchgeführt werden können.

6. Die Eigentümer der im ersten Abschnitt dieses Artikels genannten Zentren und Anlagen sind verpflichtet, die von den zuständigen Behörden angeordneten Inspektionen und Kontrollen zuzulassen, bei der Inspektion mitzuwirken und die erforderlichen Unterlagen zur Verfügung zu stellen.

7. Die mit der Inspektion beauftragten Stellen können die Mitarbeit von Tierschutzorganisationen verlangen, die im räumlichen Geltungsbereich der Inspektionsarbeiten als Mitarbeiter einzustufen sind.

8. Das Personal, das die Inspektions- und Überwachungsaufgaben wahrzunehmen hat, muss über eine anerkannte Ausbildung im Bereich des Tierschutzes und der artgerechten Tierhaltung verfügen.

ARTIKEL 67: HÄUFIGKEIT DER KONTROLLEN

1. Die im ersten Absatz des vorhergehenden Artikels genannten Kontrollen werden mit der in den entsprechenden Kontrollplänen festgelegten Häufigkeit durchgeführt. Die Inspektionen werden entweder stichprobenartig und unangekündigt oder gezielt und systematisch durchgeführt.

2. Wird ein Verstoß festgestellt, so wird ein entsprechender Inspektionsbericht erstellt, der gegebenenfalls die Einleitung eines Disziplinarverfahrens zur Folge haben kann.

3. Ergibt die Inspektion jedoch, dass der Verstoß eine Straftat darstellen kann, so wird die Maßnahme der zuständigen Koordinierenden Staatsanwaltschaft für Umwelt und Stadtplanung oder dem zuständigen Gericht gemeldet.

ARTIKEL 68: EINSTWEILIGE MASSNAHMEN

1. Die mit der Kontrolle beauftragte Person kann in Fällen nicht aufschiebbarer Dringlichkeit in begründeter und verhältnismäßiger Weise alle für notwendig erachteten vorläufigen Maßnahmen ergreifen, wenn sie Anzeichen für eine Misshandlung der Tiere, eine Krankheit, eine Risikosituation oder erhebliche Mängel in den Anlagen feststellt, die mit vernünftigen Kriterien des Tierschutzes und der Gewährleistung der Rechte der Tiere unvereinbar sind.

2. Diese vorläufigen Maßnahmen werden in dem Beschluß über die Einleitung des Verfahrens bestätigt, geändert oder aufgehoben, die innerhalb von fünfzehn Tagen nach ihrer Anordnung getroffen werden muss und gegen die ein entsprechender Rechtsbehelf eingelegt werden kann. Sie werden auf jeden Fall hinfällig, wenn das Verfahren nicht innerhalb dieser Frist eingeleitet wird oder wenn der Beschluß über die Einleitung des Verfahrens keinen ausdrücklichen Beschluß über diese Maßnahmen enthält.

Bei diesen einstweiligen Maßnahmen kann es sich unter anderem um folgende Maßnahmen handeln:

a) Entfernung, Eingreifen oder vorübergehendes Einziehung der an den Ereignissen beteiligten Tiere und aller anderen, die möglicherweise gefährdet sind.

b) Korrektur-, Sicherheits- oder Kontrollmaßnahmen, um die Fortsetzung des Schadensereignisses zu verhindern.

c) Die Aussetzung, Schließung oder vorsorgliche Schließung des Tätigkeitszentrums, des Betriebs und der Anlagen.

d) Die Beschlagnahme der Güter, Mittel oder Instrumente, mit denen die Zuwiderhandlung vorbereitet oder durchgeführt wurde, sowie gegebenenfalls der Ergebnisse der Zuwiderhandlung.

e) gegebenenfalls die Einziehung von Waffen und der entsprechenden Lizenzen oder Genehmigungen.

3. In den im vorstehenden Abschnitt vorgesehenen Fällen werden die Tiere zur vorübergehenden oder abschließenden Verwahrung in eine Tierschutzeinrichtung verbracht, wobei der Zuwiderhandelnde für die anfallenden Kosten aufkommen muss.

TITEL VI

SANKTIONEN

KAPITEL I ALLGEMEINE GRUNDSÄTZE

ARTIKEL 69: VERANTWORTLICHE PERSONEN

1. Natürliche oder juristische Personen, die Handlungen oder Unterlassungen begehen, die in diesem Gesetz als Verstöße bezeichnet werden, haften unbeschadet der zivil- oder strafrechtlichen Haftung, die ihnen ebenfalls auferlegt werden kann.

2. Wird die Verletzung der in diesem Gesetz vorgesehenen Pflichten von mehreren natürlichen oder juristischen Personen gemeinsam begangen oder ist die Zuwiderhandlung mehreren Personen zuzurechnen und lässt sich der Grad der Beteiligung der einzelnen Personen nicht bestimmen, so haften sie für die begangenen Zuwiderhandlungen und die gegebenenfalls verhängten Sanktionen gesamtschuldnerisch. Ebenso haften die Personen, die zum Zeitpunkt des Verstoßes Geschäftsführer waren, gesamtschuldnerisch für die Sanktionen, die gegen juristische Personen verhängt werden, auch wenn diese ihre Tätigkeit bereits eingestellt haben.

3. Die Inhaber und Verantwortlichen der in Artikel 66 Absatz 1 genannten Einrichtungen und Unternehmen haften stellvertretend auch für die Nichteinhaltung der in diesem Gesetz vorgesehenen Verpflichtungen durch das ihnen unterstellte Personal.

4. Wird die Haftung für die von einem Minderjährigen begangenen Handlungen festgestellt, so haften seine Eltern, Vormünder, Pfleger und gesetzlichen oder faktischen Betreuer mit ihm in dieser Reihenfolge gesamtschuldnerisch wegen der Verletzung der ihm auferlegten Pflicht, die Zuwiderhandlung, die dem Minderjährigen vorgeworfen wird, zu verhindern. Die gesamtschuldnerische Haftung bezieht sich auf die finanzielle Haftung, die sich aus der verhängten Geldstrafe ergibt, unbeschadet ihres Ersatzes durch die in den Vorschriften der autonomen Gemeinschaft festgelegten Erziehungsmaßnahmen.

ARTIKEL 70:
KONKURRENZVORSCHRIFTEN

1. Handlungen, die nach zwei oder mehreren Vorschriften dieses oder eines anderen Gesetzes eingestuft werden können, werden nach den folgenden Regeln bestraft:

a) Die besondere Vorschrift wird vor der allgemeinen angewandt.

b) Die umfassendere oder komplexere Vorschrift geht derjenigen vor, die die in ihr zusammengefassten Straftaten ahndet.

c) In Ermangelung der oben genannten Kriterien schließt der schwerste Verstoß denjenigen aus, der die Tat mit einer geringeren Strafe bedroht.

2. Stellt eine Handlung zwei oder mehr Zuwiderhandlung dar oder ist eine der Zuwiderhandlungen ein notwendiges Mittel zur Begehung der anderen, so wird die Handlung durch die Zuwiderhandlung geahndet, die abstrakt am schwersten geahndet wird.

3. Ist eine Handlung oder Unterlassung als Kriterium für die Abstufung der Sanktion oder als Umstand für die Qualifikation der Zuwiderhandlung zu berücksichtigen, so darf sie nicht als gesonderte Zuwiderhandlung geahndet werden.

ARTIKEL 71:
GLEICHZEITIGKEIT VON SANKTIONSVERFAHREN

1. Strafrechtlich oder verwaltungsrechtlich sanktionierte Sachverhalte können nicht erneut sanktioniert werden, wenn Gegenstand, Sachverhalt und Gründe identisch sind.

2. In Fällen, in denen das Verhalten eine Straftat darstellen könnte, gibt die Verwaltungsbehörde die Bearbeitung an die Justizbehörde oder die Staatsanwaltschaft weiter und sieht von der Fortsetzung des Verwaltungssanktionsverfahrens ab, bis die Justizbehörde ein rechtskräftiges Urteil oder eine Entscheidung erlässt, die das Strafverfahren auf andere Weise beendet, oder die Staatsanwaltschaft entscheidet, dass es nicht zweckmäßig ist, das Strafverfahren einzuleiten oder fortzusetzen; bis dahin wird die Verjährungsfrist unterbrochen.

Die Justizbehörde und die Staatsanwaltschaft unterrichten die Verwaltungsbehörde über die von ihnen getroffene Entscheidung oder Vereinbarung.

3. Wurde das Vorliegen einer Straftat nicht festgestellt oder ist eine Entscheidung anderer Art ergangen, die das Strafverfahren einstellt, so kann das verwaltungsrechtliche Sanktionsverfahren eingeleitet oder fortgesetzt werden. In jedem Fall ist die Verwaltungsbehörde an den im Gerichtsverfahren für erwiesen erklärten Sachverhalt gebunden.

4. Vorsorgliche Maßnahmen, die vor einem gerichtlichen Einschreiten getroffen wurden, können aufrechterhalten werden, bis die Justizbehörde anders entscheidet. Ebenso kann die Verwaltungsbehörde unbeschadet des Absatzes 1 andere Überwachungsmaßnahmen ergreifen, die erforderlich sind, um das Leben, die Unversehrtheit und das Wohlergehen der vom Sachverhalt betroffenen Tiere zu gewährleisten. Sie unterrichtet die Justizbehörde oder gegebenenfalls die Staatsanwaltschaft über diese Maßnahmen.

KAPITEL II VERSTÖSSE UND SANKTIONEN

ABSCHNITT 1: VERSTÖSSE

ARTIKEL 72:
ORDNUNGSWIDRIGKEITEN

1. Handlungen oder Unterlassungen, die den Bestimmungen dieses Gesetzes zuwiderlaufen, sind Ordnungswidrigkeiten im Bereich des Tierschutzes und des Tierrechts.

2. Die Verstöße werden in geringfügige, schwere und sehr schwere Verstöße eingeteilt.

3. Unbeschadet des Vorstehenden werden Handlungen oder Unterlassungen, die gegen die in den Artikeln 35 und 61 vorgesehenen Einfuhr- und Ausfuhrverbote verstoßen, als Schmuggelvergehen gemäß den Bestimmungen des Organgesetzes 12/1995 vom 12. Dezember über die Bekämpfung des Schmuggels eingestuft.

ARTIKEL 73: GERINGFÜGIGE VERSTÖSSE

Als geringfügiger Verstoß gilt jede Handlung oder Unterlassung der gesetzlich festgelegten Verbote, Sorgfaltspflichten oder Verpflichtungen oder solche, die sich aus der Nichterfüllung administrativer Pflichten seitens der Eigentümer oder der für das Tier verantwortlichen Personen ergeben, die keine körperlichen Schäden oder Verhaltensänderungen des Tieres zur Folge hat.

ARTIKEL 74: SCHWERE VERSTÖSSE

Als schwerwiegender Verstoß gilt jedes Verhalten, das durch Handeln oder Unterlassen, das sich aus der Nichterfüllung von Pflichten oder der Durchführung verbotener Handlungen ergibt und dem Tier Schaden oder Leiden zufügt, sofern es nicht zum Tod oder zu schweren Folgen führt.

Unbeschadet der vorstehenden Bestimmungen werden folgende Verstöße als schwerwiegende Verstöße geahndet:

a) Die Nichteinhaltung der in diesem Gesetz vorgesehenen Pflichten und Verbote durch Handlungen und Unterlassungen, die für das Tier mit Schäden oder Leiden verbunden sind, wenn sie zu schweren Dauerfolgen, Schäden oder schweren Verletzungen der Tiere führen, sofern sie nicht den Tatbestand einer Straftat erfüllen.

b) Die Nichteinhaltung der Pflichten zur Kennzeichnung des Tieres.

c) Die Anwendung aggressiver oder gewalttätiger Methoden bei der Erziehung des Tieres.

d) Die Verabreichung von Substanzen, die den Tieren schaden oder ihr Verhalten verändern, es sei denn, sie werden von Tierärzten verschrieben und dienen therapeutischen Zwecken für das Tier.

e) Durchführen von unerlaubten Verstümmelungen oder Veränderungen am Körper des Tieres.

f) Verwendung von Tieren als Gegenstand von Belohnungen, Preisen, Verlosungen oder Werbeaktionen.

g) Verwendung von Tieren als unerlaubte Werbung.

h) Das Züchten von wilden, nicht einheimischen Tieren sowie der Handel mit ihnen, außer in den in diesem Gesetz vorgesehenen Fällen.

i) Der Versand von lebenden Tieren, außer in den in diesem Gesetz vorgesehenen Fällen.

j) Die Entfernung, Umsiedlung oder Verbringung von Gemeinschaftskatzen in anderen als den in diesem Gesetz vorgesehenen Fällen.

k) Das Aussetzen eines oder mehrerer Tiere. Das Versäumnis, den Verlust oder Diebstahl eines Tieres zu melden, gilt nicht als schwere Straftat, sondern als geringfügiges Vergehen. Das Versäumnis, das Tier aus den Tierheimen oder ähnlichen Einrichtungen, in denen es aufgenommen wurde, abzuholen, und das Aussetzen des Tieres unter gefährlichen Bedingungen gelten dagegen als schwere Straftat.

l) Diebstahl, Raub oder Unterschlagung eines Tieres.

m) Nichtmeldung des Verlusts oder Diebstahls des Tieres oder Nichtabholung des Tieres aus Veterinärzentren, Unterkünften oder ähnlichen Einrichtungen, in denen es zuvor deponiert wurde, auch wenn keine Gefahr für das Tier besteht.

n) Fütterung von Tieren mit Eingeweiden, Kadavern und anderen Abfällen von Tieren, die die entsprechenden Gesundheitskontrollen nicht bestanden haben.

o) Das dauerhafte Halten von Hunden oder Katzen auf Terrassen, Balkonen, Dachterrassen, Abstellräumen, Kellern, Höfen und ähnlichen Bereichen oder in Fahrzeugen.

p) Die Begehung von mehr als einer geringfügigen Straftat innerhalb von drei Jahren, wenn dies in einem rechtskräftigen Verwaltungsbeschluss festgestellt wurde.

ARTIKEL 75: SCHWERWIEGENDE VERSTÖSSE

Als besonders schwere Verstöße gelten folgende Verstöße

a) Die Nichteinhaltung der in diesem Gesetz vorgesehenen Ge- und Verbote, wenn der Tod des Tieres eintritt, sofern dies keine Straftat darstellt, sowie die nicht genehmigte Tötung von Tieren.

b) Die Euthanasie von Tieren mit unzureichenden Mitteln oder durch unqualifiziertes Personal.

c) Die Abrichtung und Verwendung von Tieren für Kämpfe und Raufereien mit anderen Tieren oder Menschen.

d) Die Verwendung von Heimtieren für den menschlichen Verzehr.

e) Die Tötung von Gemeinschaftskatzen außerhalb der durch dieses Gesetz zugelassenen Fälle.

f) Die Zucht, der Handel oder die Ausstellung von Tieren zu gewerblichen Zwecken durch unbefugte Personen oder der Verkauf von Hunden, Katzen und Frettchen in Tierhandlungen.

g) Die Verwendung von Tieren bei verbotenen Aktivitäten, insbesondere bei kulturellen und festlichen Aktivitäten, bei mechanischen Attraktionen, Karussells sowie die Verwendung von Wildtierarten in Zirkusvorstellungen.

h) Die genetische Selektion von Heimtieren, die sich nachteilig auf deren Gesundheit auswirkt.

i) Die Begehung von mehr als einer schweren Zuwiderhandlung innerhalb eines Zeitraums von drei Jahren, wenn dies durch einen rechtskräftigen Verwaltungsbeschluss festgestellt worden ist.

ABSCHNITT 2: SANKTIONEN

ARTIKEL 76: HAUPTSTRAFEN

1. Die in diesem Gesetz vorgesehenen Zuwiderhandlungen werden wie folgt geahndet

a) Geringfügige Verstöße mit einer Verwarnung oder einer Geldbuße von fünfhundert bis zehntausend Euro.

b) Schwere Verstöße mit einer Geldstrafe von zehntausend bis fünfzigtausend Euro.

c) sehr schwere Verstöße mit einer Geldbuße von fünfzigtausend bis zweihunderttausend Euro.

2. Bei wiederholter oder fortgesetzter Begehung eines geringfügigen Verstoßes entfällt die Sanktion der Verwarnung.

3. Die Regierung und die Autonomen Gemeinschaften sowie die Städte Ceuta und Melilla können durch Rechtsverordnung Präzisierungen oder Abstufungen in die Tabelle der in diesem Gesetz aufgeführten Verstöße und Sanktionen einführen, die, ohne neue Verstöße oder Sanktionen darzustellen oder deren Art und Grenzen zu ändern, zur korrekteren Identifizierung der Verhaltensweisen, zur genaueren Bestimmung der entsprechenden Sanktionen oder zur Aktualisierung ihrer Höhe beitragen.

4. In jedem Fall werden die Einnahmen aus den Sanktionen für Maßnahmen zum Schutz der Tiere verwendet.

ARTIKEL 77: FLANKIERENDE MASSNAHMEN

1. Die Geldbuße kann je nach Art des Tatbestands mit einer oder mehreren der folgenden Nebenstrafen verbunden werden:

a) Das Einziehen des Tieres und seine Überführung in ein Tierschutzzentrum oder in ein von der zuständigen Behörde bestimmtes Zentrum.

b) Der Entzug der Waffen und der entsprechenden Lizenzen oder Genehmigungen.

c) Die Einziehung der Gegenstände, Mittel oder Instrumente, mit denen die Zuwiderhandlung vorbereitet oder ausgeführt wurde, sowie gegebenenfalls der Tatwerkzeuge.

d) Vorübergehende Aussetzung von Lizenzen, Genehmigungen oder Erlaubnissen von sechs Monaten und einem Tag bis zu zwei Jahren bei sehr schweren Verstößen und bis zu sechs Monaten bei schweren Verstößen im Rahmen der in diesem Gesetz geregelten Angelegenheiten. Im Wiederholungsfall kann die Sanktion bei sehr schweren Verstößen von zwei Jahren und einem Tag bis zu sechs Jahren und bei schweren Verstößen bis zu zwei Jahren betragen.

e) Schließung von Räumlichkeiten oder Betrieben, von sechs Monaten und einem Tag bis zu zwei Jahren bei sehr schweren Verstößen und bis zu sechs Monaten bei schweren Verstößen im Rahmen der in diesem Gesetz geregelten Angelegenheiten. Im Wiederholungsfall kann die Sanktion von zwei Jahren und einem Tag bis zu sechs Jahren oder die endgültige Schließung des Betriebs bei sehr schweren Verstößen und bis zu zwei Jahren bei schweren Verstößen betragen.

f) Verbot der Ausübung von Tätigkeiten im Zusammenhang mit Tieren und des Besitzes von Tieren für eine Höchstdauer von fünf Jahren bei schweren Verstößen und von fünf bis zehn Jahren bei sehr schweren Verstößen.

g) Entzug oder Nichtgewährung von Subventionen oder Beihilfen im Zusammenhang mit diesem Gesetz für eine Höchstdauer von fünf Jahren bei schweren Verstößen und von fünf bis zehn Jahren bei sehr schweren Verstößen.

h) Die Verpflichtung zur Teilnahme an Umschulungs- oder Ausbildungskursen in den Bereichen Tierschutz, Tierwohl und Tierrechte.

i) Die Verrichtung von Arbeiten zum Wohle der Allgemeinheit.

2. Wurden die sanktionierten Handlungen unter Verwendung von Waffen oder Sprengstoffen begangen, so übermittelt die Ermittlungsbehörde der Guardia Civil die entsprechenden Informationen, damit diese gemäß den Rechtsvorschriften über den Schutz und die öffentliche Sicherheit sowie den waffenrechtlichen Bestimmungen die entsprechenden Entscheidungen treffen kann.

3. Bei geringfügigen Vergehen können die in den Abschnitten h) und i) des ersten Absatzes dieses Artikels genannten zusätzlichen Strafen verhängt werden.

4. Schwere und sehr schwere Verstöße können mit einer der in Absatz 1 des vorliegenden Artikels genannten zusätzlichen Sanktionen geahndet werden.

ARTIKEL 78: ABSTUFUNG DER SANKTIONEN

Bei der Festlegung des Strafmaßes sind folgende Umstände zu berücksichtigen:

a) Der dem Tier zugefügte Schaden.

b) Der Grad des Verschuldens oder das Vorliegen von Vorsatz, groben Fahrlässigkeitoder Fahrlässigkeit.

c) Die soziale oder gesundheitliche Bedeutung der begangenen Straftat oder ihre Auswirkungen auf die natürliche Umwelt.

d) Das Motiv des unerlaubten Gewinns und die Höhe des aus der Begehung der Straftat erzielten oder erwarteten Vorteils.

e) Kontinuität oder Beharrlichkeit des rechtswidrigen Verhaltens

f) Verweigerung oder Behinderung des Zugangs zu den Anlagen oder der Bereitstellung der von der Aufsichtsbehörde angeforderten Informationen.

g) Die Einstellung der Zuwiderhandlung vor oder während der Bearbeitung des Sanktionsverfahrens.

h) Gewalt gegen Tiere in Anwesenheit von Minderjährigen oder schutzbedürftigen Personen sowie Personen mit geistigen Behinderungen oder deren Verbreitung über jegliche Mittel der sozialen Kommunikation.

ARTIKEL 79:
ZIVILRECHTLICHE HAFTUNG

1. Die Verhängung einer in diesem Gesetz **vorgesehenen** Sanktion schließt die zivilrechtliche Haftung der sanktionierten Person oder Einrichtung nicht aus.

2. Die zivilrechtliche Haftung aus einer Zuwiderhandlung besteht stets gesamtschuldnerisch zwischen allen Schadensverursachern.

ABSCHNITT 3:
SANKTIONSVERFAHREN

ARTIKEL 80:
ZUSTÄNDIGE STELLEN

1. Die Ausübung der Befugnis zur Verhängung von Sanktionen obliegt den jeweils zuständigen Stellen der Autonomen Gemeinschaften und Gemeinden.

2. Die kommunalen Behörden können Sanktionen verhängen und die in diesem Gesetz vorgesehenen Maßnahmen ergreifen, wenn die Zuwiderhandlungen im räumlichen Gebiet der Gemeinde begangen werden oder Gemeindeeigentum betreffen, sofern sie nach den einschlägigen Rechtsvorschriften dafür zuständig sind. Durch kommunale Verordnungen können die in diesem Gesetz festgelegten Straftatbestände und Sanktionen präzisiert oder abgestuft werden.

3. Die in diesem Gesetz vorgesehene Befugnis zur Verhängung von Sanktionen wird in Übereinstimmung mit den Bestimmungen der zuständigen autonomen Gemeinschaft oder der örtlichen Behörde ausgeübt, insbesondere in Bezug auf den Erlass einstweiliger Maßnahmen und die Verjährung von Zuwiderhandlungen und Sanktionen sowie den Ablauf von Verfahren.

ARTIKEL 81: BETEILIGTE AM VERFAHREN

Unbeschadet der Bestimmungen des vorhergehenden Artikels haben in Verwaltungsverfahren, die wegen einer Verletzung der Bestimmungen dieses Gesetzes oder seiner Durchführungsbestimmungen eingeleitet werden, die Tierschutzverbände und -organisationen, die am Anfang des Verwaltungsverfahrens die Beschwerde eingereicht haben, oder diejenigen, deren satzungsmäßiger Zweck den Tierschutz als Hauptzweck beinhaltet und die als Beteiligte im Verfahren aufgetreten sind, die Stellung eines Beteiligten.

ERSTE ZUSATZBESTIMMUNG.
BEGLEITHUNDE

Auf Assistenzhunde findet dieses Gesetz in allen Fragen Anwendung, soweit sie nicht in besonderen Vorschriften geregelt sind.

ZWEITE ZUSATZBESTIMMUNG. STAATLICHER TIERSCHUTZPLAN

Der erste staatliche Tierschutzplan gemäß Artikel 16 ist innerhalb von zwei Jahren nach Inkrafttreten des Gesetzes zu erstellen.

DRITTE ZUSATZBESTIMMUNG. BEFUGNISSE DES VERTEIDIGUNGSMINISTERIUMS

1. Gemäß der dritten Zusatzbestimmung des Gesetzes 8/2003 vom 24. April werden die Bestimmungen dieses Gesetzes, wenn sie Tiere betreffen, die dem Verteidigungsministerium und seinen öffentlichen Einrichtungen unterstehen, von den zuständigen Stellen angewandt, die vom Leiter des genannten Departements in Übereinstimmung mit seinen spezifischen Vorschriften bestimmt werden.

2. In jedem Fall übermittelt das Verteidigungsministerium der zuständigen Ministerialabteilung alle Informationen über seine Tiere, die diese zur Ausübung ihrer Befugnisse im Bereich des Tierschutzes benötigt.

VIERTE ZUSATZBESTIMMUNG.
GESETZ ÜBER MENSCHENAFFEN

Innerhalb von drei Monaten nach Inkrafttreten dieses Gesetzes legt die Regierung einen Entwurf für ein Menschenaffengesetz vor.

FÜNFTE ZUSÄTZLICHE BESTIMMUNG.

Die Regierung verpflichtet sich, innerhalb von höchstens zwölf Monaten ein Dokument mit Empfehlungen zu den ethischen Grundsätzen und den Bedingungen des Tierschutzes auszuarbeiten, die bei der klinischen Forschung im Veterinärbereich einzuhalten sind, wie dies im Königlichen Erlass 1157/2021 vom 28. Dezember, der die industriell hergestellten Tierarzneimittel regelt, vorgesehen ist.

ERSTE ÜBERGANGSBESTIMMUNG. ZULASSUNG ODER ERWERB DER ERFORDERLICHEN QUALIFIKATIONEN

Die Verantwortlichen von Tierschutzorganisationen und diejenigen, die bei Inkrafttreten dieses Gesetzes Tätigkeiten zur Ausbildung oder Verhaltensänderung von Hunden ausüben, müssen gegebenenfalls innerhalb von vierundzwanzig Monaten nach der in Artikel 35 Absatz 2 vorgesehenen Entwicklung der Rechtsvorschriften oder nach der Zulassung der erforderlichen Qualifikationen die für die Ausübung dieser Tätigkeiten erforderlichen Qualifikationen anerkennen lassen oder erwerben.

ZWEITE ÜBERGANGSBESTIMMUNG. VERBOT BESTIMMTER ARTEN ALS HEIMTIERE

Ab dem Inkrafttreten des vorliegenden Gesetzes bis zur Genehmigung und Veröffentlichung der Positivliste, der die betreffende Art angehört (Säugetiere, Vögel, Reptilien, Amphibien, Fische oder wirbellose Tiere), ist die Haltung von Tieren als Heimtiere verboten, die zu Arten gehören, die eines der folgenden Kriterien in Bezug auf ihre Gefährlichkeit und die Notwendigkeit der Anwendung des Vorsorgeprinzips bei der Erhaltung der gefährdeten wildlebenden Tiere erfüllen:

1. Gliederfüßer, Fische und Amphibien, deren Biss oder Gift eine ernste Gefahr für die körperliche Unversehrtheit oder die Gesundheit von Menschen und Tieren darstellen kann.

2. giftige Reptilien und alle Reptilienarten mit einem Gewicht von mehr als zwei Kilogramm im ausgewachsenen Zustand, ausgenommen Chelonier (eine Gattung der Meeresschildkröte – Anm. d. Red.).

3. alle Primaten.

4. Wilde Säugetiere mit einem Gewicht von mehr als 5 kg im ausgewachsenen Zustand.

5. Arten, die unter andere sektorale Vorschriften auf staatlicher oder gemeinschaftlicher Ebene fallen, die ihre Haltung in Gefangenschaft verbieten.

Personen, die Tiere von Arten halten, auf die eines der in den vorstehenden Absätzen genannten Kriterien zutrifft, sind verpflichtet, den zuständigen Behörden die Haltung dieser Tiere innerhalb von sechs Monaten nach Inkrafttreten dieses Gesetzes zu melden.

Vom Inkrafttreten dieses Gesetzes an bis zur Genehmigung und Veröffentlichung der Positivliste, der die betreffende Art angehört (Säugetiere, Vögel, Reptilien, Amphibien, Fische oder wirbellose Tiere), ergreifen die zuständigen Behörden die erforderlichen Maßnahmen, um die Tiere zu intervenieren und Zentren für den Schutz von Wildtieren, Zoos oder Tierschutzorganisationen zur Verfügung zu stellen.

DRITTE ÜBERGANGSBESTIMMUNG. ZIRKUSSE, KARUSSELLS UND JAHRMARKTSATTRAKTIONEN

Die Eigentümer von Zirkussen, Karussells, Jahrmarktsattraktionen und allgemein von allen öffentlichen Vorführungen oder Tätigkeiten im Sinne von Artikel 25 Buchstabe e, bei denen Wildtiere in Gefangenschaft verwendet werden, haben eine Frist von sechs Monaten ab Inkrafttreten dieses Gesetzes, um ihre Tätigkeit zu ändern und gegebenenfalls die zuständige Behörde über die Art und Anzahl der in ihrem Besitz befindlichen Wildtiere in Gefangenschaft gemäß der folgenden Regelung zu informieren:

a) Gültige und vorläufig gültige Genehmigungen für die Verwendung von Wildtieren laufen innerhalb von sechs Monaten nach Inkrafttreten dieses Gesetzes ab, und ab dem Tag nach dem Inkrafttreten dieses Gesetzes dürfen keine neuen Genehmigungen erteilt werden.

b) Alle zum Zeitpunkt des Inkrafttretens dieses Gesetzes anhängigen Anträge für die Verwendung von Wildtieren bei Ausstellungen werden abgelehnt, und der Erwerb oder die Vermehrung von Wildtieren jeglicher Art ist verboten.

c) Jede unentgeltliche oder entgeltliche Abgabe von Tieren, jeder Tod oder jede Geburt muss der zuständigen Behörde innerhalb von 48 Stunden gemeldet werden.

d) Tiere, die nicht mehr für Ausstellungen verwendet werden, sind an den geeignetsten Orten unterzubringen, um ihr Wohlergehen zu gewährleisten, wozu auch Tierreservate oder ständige Tierheime gehören können. Für bestimmte Tiere können im Rahmen einer gemeinsamen Aktion von öffentlichen Verwaltungen, Tierbesitzern, Nichtregierungsorganisationen, internationalen Organisationen oder Tierschutzorganisationen Kooperationsvereinbarungen geschlossen werden, um gemeinsam nach dem geeignetsten Bestimmungsort für die Tiere zu suchen, wobei stets ihr Wohlergehen gewährleistet sein muss. Die zuständige Behörde überwacht und bescheinigt den Prozess der Weitervermittlung.

VIERTE ÜBERGANGSBESTIMMUNG.
VERKAUF VON HUNDEN, KATZEN
UND FRETTCHEN IN GESCHÄFTEN.

Geschäfte, in denen Hunde, Katzen und Frettchen vermarktet werden, haben eine Frist von 12 Monaten nach Inkrafttreten dieses Gesetzes einzuhalten, um den Verkauf dieser Arten einzustellen; während dieser Zeit finden Artikel 55 Absatz 1 und Artikel 56 Absatz 1 keine Anwendung.

FÜNFTE ÜBERGANGSBESTIMMUNG. HALTUNG

T, die zu Arten wildlebender Tiere in Gefangenschaft gehören, die bei Inkrafttreten dieses Gesetzes als Heimtiere gehalten, gezüchtet oder vermarktet werden und nicht zu den von der zweiten Übergangsbestimmung betroffenen Tieren gehören, unterliegen bis zur Genehmigung der sie betreffenden Positivliste für Heimtiere allen Bestimmungen dieses Gesetzes über Heimtiere.

Sobald die sie betreffende Positivliste für Heimtiere genehmigt ist, gelten Tiere, deren Art darin nicht aufgeführt ist, als in Gefangenschaft lebende Wildtiere, deren Besitz, Zucht oder Handel nicht gestattet ist, es sei denn, es liegen besondere Genehmigungen vor, die sich aus der Regelungsentwicklung des Artikels 32 Absatz 4 für die Zucht von in Gefangenschaft lebenden Wildtieren ergeben.

Die im vorstehenden Absatz genannten Tiere können zur Haltung als Heimtiere zugelassen werden, sofern nachgewiesen werden kann, dass sie vor der Genehmigung der für sie geltenden Positivliste für Heimtiere erworben oder gehalten wurden und die Haltungsbedingungen als angemessen angesehen werden; diese Ausnahme muss bei der zuständigen Behörde innerhalb einer Frist von höchstens sechs Monaten nach Genehmigung der für sie geltenden Liste für Heimtiere beantragt werden. Wird nach Einreichung des Antrags innerhalb der genannten Frist keine Genehmigung für die Haltung der im vorstehenden Absatz genannten Tiere erteilt, so legt die zuständige Behörde die Bedingungen und den Verbleib dieser Tiere fest, was jedoch keinesfalls ihre Tötung zur Folge haben darf.

Ausgenommen von dieser Bestimmung sind Falkenvögel, Zierfische und Aquarientiere, die nicht im Katalog der invasiven gebietsfremden Arten oder der geschützten wildlebenden Arten auf staatlicher oder gemeinschaftlicher Ebene aufgeführt sind, sowie wildlebende Tierarten, die in Spanien nicht natürlich vorkommen und die durch das Recht der Europäischen Union und/oder durch von Spanien ratifizierte internationale Verträge geschützt sind; für sie gelten auf unbestimmte Zeit die Bestimmungen für Haustiere.

SECHSTE ÜBERGANGSBESTIMMUNG

Wale und Delfine, die zum Zeitpunkt des Inkrafttretens dieses Gesetzes außerhalb der Erhaltungs- und Forschungszentren gemäß Artikel 32 Abs. 6 in Gefangenschaft gehalten werden, können bis zu ihrem Tod oder bis zu ihrer Überführung in ein Zentrum für Forschungszwecke an ihrem derzeitigen Aufenthaltsort verbleiben und von ihren Besitzern betreut werden, vorausgesetzt, dass sie nicht wieder in die natürliche Umgebung ausgewildert werden können, dass ihr Wohlergehen gewahrt bleibt und dass die in dieser Vorschrift festgelegten Bedingungen eingehalten werden, und sie können bei Ausstellungen, kommerziellen oder freien Interaktionen eingesetzt werden, vorausgesetzt, dies geschieht mit ihren Haltern oder verwandten Fachleuten.

EINZIGE AUFHEBENDE BESTIMMUNG

Alle gleich- oder nachrangigen Vorschriften, die den Bestimmungen dieses Gesetzes entgegenstehen, werden hiermit aufgehoben.

ERSTE SCHLUSSBESTIMMUNG. ÄNDERUNG DES GESETZES 16/1987, VOM 30. JULI 1987, ÜBER DIE ORGANISATION DES LANDVERKEHRS

Das Gesetz 16/1987 vom 30. Juli 1987 über die Organisation des Landverkehrs wird wie folgt gefasst:

Artikel 63 Absatz 1 Buchstabe a) wird wie folgt formuliert:

"a) von Fahrgästen, wenn sie zur Beförderung von Personen, gegebenenfalls deren Haustieren und deren Gepäck in zu diesem Zweck gebauten und ausgestatteten Fahrzeugen bestimmt sind."

ZWEITE SCHLUSSBESTIMMUNG. ÄNDERUNG DES GESETZES 8/2003 VOM 24. APRIL ÜBER DIE TIERGESUNDHEIT

Die Absätze 2 und 3 von Artikel 3 werden geändert und erhalten folgenden Wortlaut:

"Nutztiere: Nutz-, Zucht-, Mast- oder Schlachttiere, einschließlich Pelztiere oder Tiere, die für jagdliche Zwecke verwendet werden, sowie Wildtiere, die zur Herstellung von Lebensmitteln oder tierischen Erzeugnissen oder zu anderen kommerziellen oder gewinnbringenden Zwecken gehalten, gemästet oder gezüchtet werden. Hunde, Katzen und Frettchen sind ausgenommen. Nutztiere gelten nur dann als Heimtiere, wenn der Eigentümer beschließt, sie als Heimtiere in das Heimtierregister einzutragen, weil sie nicht mehr als Nutztiere verwendet werden.

3. Heimtier: Haus- oder Wildtier in Gefangenschaft, das vom Menschen hauptsächlich im Haus gehalten wird, vorausgesetzt, dass es unter guten Haltungsbedingungen gehalten werden kann, die seinen ethologischen Bedürfnissen entsprechen, dass es sich an die Gefangenschaft anpassen kann und dass sein Besitz nicht zum Verzehr oder zur Ausbeutung seiner Produktion oder zur industriellen Nutzung oder zu einem anderen kommerziellen oder gewinnbringenden Zweck bestimmt ist und dass im Falle von Wildtieren seine Art in der Positivliste für Heimtiere aufgeführt ist. Hunde, Katzen und Frettchen gelten in jedem Fall als Heimtiere, unabhängig davon, zu welchem Zweck sie verwendet werden oder wo sie leben oder woher sie stammen. Nutztiere gelten nur dann als Heimtiere, wenn der Eigentümer beschließt, sie als Heimtiere in das Register für Heimtiere einzutragen, weil sie nicht mehr als Nutztiere verwendet werden.

DRITTE SCHLUSSBESTIMMUNG. ÄNDERUNG DES GESETZES 32/2007 VOM 7. NOVEMBER ÜBER DIE BEHANDLUNG VON TIEREN, IHRE NUTZUNG, IHREN TRANSPORT, IHRE VERSUCHE UND IHRE TÖTUNG

Erstens. Buchstabe a) des Artikels 1 wird geändert, der wie folgt formuliert ist

"a) Festlegung der grundlegenden Vorschriften für die Nutzung, den Transport, die Versuche und die Schlachtung von Nutztieren sowie eines gemeinsamen Systems von Verstößen und Sanktionen, um die Einhaltung der Vorschriften zu gewährleisten."

Artikel 2 Absatz 2 Buchstaben b) und d) werden wie folgt geändert:

"b) Wildtiere, mit Ausnahme von Tieren der genannten Arten, die zu Produktionszwecken oder zur Nutzung derselben oder ihrer Erzeugnisse oder Kulturen gezüchtet werden, einschließlich der Tiere in Zoos, die durch das Gesetz 31/2003 vom 27. Oktober über die Erhaltung der Wildtiere in Zoos geregelt sind, unbeschadet der Bestimmungen von Buchstabe f) des ersten Absatzes von Artikel 14".

"d) Heimiere und Nutztiere, die, nachdem sie ihren Nutzzweck verloren haben, der Eigentümer beschließt, sie als Heimtiere in das Heimtierregister einzutragen."

Drittens: Artikel 3 Buchstabe a) wird wie folgt geändert

a) "Nutztiere": Tiere, die zur Erzeugung, Zucht, Mast oder Schlachtung bestimmt sind, einschließlich Pelztiere, Wildtiere und wilde Tiere, die zur Herstellung von Lebensmitteln oder tierischen Erzeugnissen oder zu anderen kommerziellen oder gewinnbringenden Zwecken gehalten, gemästet oder gezüchtet werden. Hunde, Katzen und Frettchen sind ausgenommen. Nutztiere gelten nur dann als Heimtiere, wenn der Eigentümer beschließt, sie als Heimtiere in das Heimtierregister einzutragen, weil sie ihren Erwerbszweck verloren haben.

Viertens. Es wird ein neuer Artikel 7a mit folgendem Wortlaut eingefügt:

FRANK SIEGERT

"Artikel 7a. Messen, Ausstellungen und Wettbewerbe, Wallfahrten und festliche Veranstaltungen, Krippenspiele, Paraden und Umzüge.

1. Tiere, die an Viehmessen, -märkten, -ausstellungen und ähnlichen Wettbewerben teilnehmen, müssen ständig Zugang zu Futter und frischem Wasser sowie einen angemessenen Platz zum Schutz vor schlechtem Wetter haben.

2. Für Tierschauen und -wettbewerbe gelten die folgenden Anforderungen:

a) Bei Tierausstellungen und -wettbewerben muss mindestens eine Person anwesend sein, die über einen Abschluss oder ein Diplom in Veterinärmedizin verfügt und dafür verantwortlich ist, den Gesundheitszustand und das Wohlergehen der Tiere während der Veranstaltung zu überwachen und in allen auftretenden Situationen tierärztliche Soforthilfe zu leisten. Es ist zwingend vorgeschrieben, dass dem Veterinärteam alle notwendigen Mittel zur Bewältigung von Notfällen zur Verfügung stehen.

b) Tiere, die an Ausstellungen und Wettbewerben teilnehmen, müssen über Unterkünfte verfügen, die ihrer Größe und den vorherrschenden Temperaturbedingungen angemessen sind, so dass sie sich ohne Stress ausruhen können.

c) Alle Tiere, die an Ausstellungen oder Wettbewerben teilnehmen, müssen gekennzeichnet und registriert sein.

3. Bei solchen Veranstaltungen, an denen Tiere beteiligt sind, müssen die Organisatoren jederzeit für das Wohlergehen und die Gesundheit der Tiere sowie für die Sicherheit der Besucher sorgen.

4. Die Personen, die diese Tiere besitzen oder für sie verantwortlich sind, sowie die Organisatoren der Veranstaltung gewährleisten die Kontrolle der Ruhezeiten, des Gesundheitszustands und der Dokumentation.

5. Die Verwendung von Tieren bei Krippenausstellungen, Umzügen oder Prozessionen, bei denen das Tier für die Dauer der Veranstaltung ruhig gehalten wird, ist verboten".

Fünf. Dem ersten Absatz von Artikel 14 werden drei neue Buchstaben n), ñ) und o) angefügt, die wie folgt lauten:

"n) Das Erziehen oder Behandeln des Tieres mit aggressiven oder gewaltsamen Methoden, die zu einer Misshandlung des Tieres führen oder ihm Angstzustände oder Furcht einflößen können.

ñ) Das Aussetzen eines Tieres, was dazu führt, dass das Tier nicht mehr unter Kontrolle ist oder nicht mehr tatsächlich in seinem Besitz ist.

o) Die Verwendung von Nutztieren bei kulturellen und festlichen Aktivitäten, bei mechanischen Attraktionen und Karussells, außer in Fällen, in denen dies erlaubt ist."

6. In Artikel 14 Absatz 2 werden drei neue Buchstaben g), h) und i) mit folgendem Wortlaut angefügt:

"g) Unterlassung der erforderlichen Maßnahmen, um zu verhindern, dass ihr Besitz oder ihre Verbringung Gefahren, Bedrohungen oder Schäden für Menschen, andere Tiere oder Sachen verursacht.

h) Die Verwendung von Tieren in Film-, Fernseh-, Kunst- oder Werbeproduktionen, auch mit Genehmigung der zuständigen Behörde, wenn das Tier misshandelt wird.

i) Die Verwendung von Tellereisen bei Pferden und ihren Kreuzungen im Freien".

Sieben. Artikel 14 Absatz 3 Buchstabe c) wird gestrichen.

Achtung. Die erste Zusatzbestimmung wird gestrichen.

VIERTE SCHLUSSBESTIMMUNG. POSITIVLISTE FÜR HEIMTIERE

Innerhalb einer Frist von höchstens vierundzwanzig Monaten nach Inkrafttreten dieses Gesetzes genehmigt die Regierung die Verordnungen, die die in Titel II Kapitel V vorgesehene Positivliste der als Heimtiere zu haltenden wildlebenden Tiere beinhaltet.

Innerhalb einer Frist von höchstens zwölf Monaten nach Inkrafttreten der genannten Verordnungen veröffentlicht die Regierung die Liste der Arten wildlebender Säugetiere, die in die Positivliste der Heimtiere gemäß Artikel 37 aufgenommen werden.

Innerhalb einer Frist von höchstens dreißig Monaten nach Inkrafttreten der genannten Verordnung veröffentlicht die Regierung die Liste der Arten anderer Gruppen wild lebender Tiere (Vögel, Reptilien, Amphibien, Fische und Wirbellose), die in die Positivliste der Heimtiere gemäß Artikel 37 aufgenommen werden.

FÜNFTE SCHLUSSBESTIMMUNG. ENTWICKLUNG DES ZENTRALSYSTEMS DER TIERSCHUTZREGISTER

Die Regierung erlässt auf Vorschlag des Leiters des zuständigen Ministeriums und nach Anhörung der spanischen Datenschutzbehörde innerhalb von sechs Monaten nach Inkrafttreten dieses Gesetzes die entsprechenden Rechtsvorschriften über die Organisation des Zentralsystems der Tierschutzregister sowie über das System der Eintragung und Löschung seiner Einträge und den Zugang zu den darin enthaltenen Informationen.

Die Eintragung in das Zentrale Tierschutzregistersystem durch Tierschutzorganisationen, Fachleute für Tierverhalten und Personen, die für die Zucht und den Verkauf von Heimtieren verantwortlich sind, ist erst zwölf Monate nach der im vorstehenden Absatz vorgesehenen Entwicklung der Rechtsvorschriften verbindlich.

SECHSTE SCHLUSSBESTIMMUNG. BEZEICHNUNG DER ZUSTÄNDIGKEIT

1. Dieses Gesetz ist eine grundlegende Gesetzgebung und wird unter dem Schutz der Bestimmungen der Artikel 149 Abs.1 Ziff.13, 16 und 23 der spanischen Verfassung erlassen, die dem Staat die ausschließliche Zuständigkeit in Fragen der Grundlagen und der Koordinierung der allgemeinen Planung der Wirtschaftstätigkeit, der Grundlagen und der allgemeinen Koordinierung des Gesundheitswesens und der grundlegenden Gesetzgebung im Bereich des Umweltschutzes vorbehalten.

(2) Von diesen grundlegenden Rechtsvorschriften sind ausgenommen:

a) Die Absätze 1 und 2 der Artikel 55 und 57, die auf der Grundlage von Artikel 149.1.6 der spanischen Verfassung erlassen wurden, der dem Staat die ausschließliche Zuständigkeit im Bereich der Handelsgesetzgebung überträgt.

b) Die Absätze 3, 4, 5 und 6 des Artikels 55 und die Absätze 1, 2, 7 und 9 des Artikels 58 wurden gemäß Artikel 149 Absatz 1 Nummer 8 der spanischen Verfassung erlassen, der dem Staat die ausschließliche Zuständigkeit für die Zivilgesetzgebung überträgt.

c) Die in Artikel 61 enthaltene Regelung ergeht unter dem Schutz von Artikel 149 Abs.1 Ziff.10 der spanischen Verfassung, der dem Staat die ausschließliche Zuständigkeit für Zoll- und Tariffragen sowie für den Außenhandel gewährt.

d) Artikel 21 und die Ausnahmeregelung werden unter dem Schutz von Artikel 149 Aba.1 Ziff. 29 erlassen, der dem Staat die ausschließliche Zuständigkeit in Angelegenheiten der öffentlichen Sicherheit gewährt.

e) Die in den Artikeln 13 und 14 enthaltenen Verordnungen werden unter dem Schutz von Artikel 149 Abs.1 Ziff.31 der spanischen Verfassung erlassen, der dem Staat die ausschließliche Zuständigkeit für Statistiken zu staatlichen Zwecken einräumt.

3) Sie hat keinen grundlegenden Charakter, und die Bestimmungen der Artikel 4, 5, 6, 7, 8 und 9, des Artikels 11, der Artikel 15 bis 20, des Artikels 33 Absatz 3, des Artikels 58 Absätze 5 und 6 sowie der dritten Zusatzbestimmung sind nur im staatlichen Bereich anwendbar.

SIEBTE SCHLUSSBESTIMMUNG. REGIONALES ODER LOKALES PERSONAL

Die sich aus der Anwendung und Entwicklung dieses Gesetzes ergebenden Maßnahmen, die das regionale oder örtliche Personal betreffen, müssen mit den gegebenenfalls geltenden Grundregeln für Personalkosten übereinstimmen.

ACHTE SCHLUSSBESTIMMUNG.
GESETZLICHE ERMÄCHTIGUNG

Die Regierung wird ermächtigt, die zur Erfüllung und Ausführung dieses Gesetzes erforderlichen Vorschriften zu erlassen.

NEUNTE SCHLUSSBESTIMMUNG. INKRAFTTRETEN

Dieses Gesetz tritt sechs Monate nach seiner Veröffentlichung im Staatsanzeiger in Kraft.

Deshalb,

befehle ich allen Spaniern, Einzelpersonen und Behörden, die Einhaltung dieses Gesetzes zu gewährleisten und es durchzusetzen.

Madrid, 28. März 2023.

F E L I P E R.

Der Präsident der Regierung,

PEDRO SÁNCHEZ PÉREZ-CASTEJÓN

FRANK SIEGERT

Besuchen Sie uns auch gern einmal
auf unserer Website:

https://tierische-balearen.net

www.ingramcontent.com/pod-product-compliance
Lightning Source LLC
Chambersburg PA
CBHW031626210526
45464CB00004B/1767